有钱人

和你想的不一样 新版

Secrets of the Millionaire Mind

Mastering the Inner Game of Wealth

［美］哈维·艾克（T. Harv Eker）◎著

陈佳伶 ◎译

湖南文艺出版社
HUNAN LITERATURE AND ART PUBLISHING HOUSE

博集天卷
CS-BOOKY

Secrets of
the Millionaire Mind

有钱人
和你想的不一样

Contents

目录

第二篇　　财富档案

序言

致读者：

首先非常感谢您选择阅读此书。能为寻求财富自由的诸位略尽绵力，我深感荣幸。这本书雄踞畅销书榜多年，只因书中方法信息，在真实世界中极为有效，永不过时。

我教授成功学超过二十五年，深知在达成个人目标的过程中，存在着一些基本要素。有趣的是，经多年跨领域探索，我坚信掌握有钱人的思维，对于个人成功是最紧要、最优先的。有钱人的思维为一切奠基。

正如我在书中所说："种什么因，就结什么果。"那何者为因？你，以及属于你的思维。你的思维就像电脑的软件，它让你做决定，令你行动或是不行动。与电脑软件相同，你的思维在早年就被固化了，早在你真正思考、明确真正信念前就被固化了。因此，我们从此处着手，从这个影响我们结果的要素入手，简言之，从你的思维入手。

对大多数人而言，重要的是，知道他们的思维已经被关于金钱的偏见，和一些与财富自由相悖的观点固化了。该做什么？正如给电脑杀毒一般，你必须给思维纠偏。

该如何知晓你的程序编得成功还是失败？简单。看结果就行。如果你富有且快乐，那你上道了。但如果你没有或缺失其中任何一个，那说明你的思维存在问题。

这本书帮助过世界各地数百万的人。从改变他们与金钱和财富的关系开始，让他们的思考和信念变得能撑起他们的雄心。基于他们和我的经历，我很肯定本书也能给你的人生带来戏剧性的改变。

为什么我这么肯定？因为在我的现场活动上，总有人来告诉我这点。人们热爱分享他们的成功故事，我也喜欢听，并且故事还不少，成千上万！我的朋友，这只须你把脑中那些毁掉财务自由的毒思维拿走。只这一个。我想通过本书扫清思维障碍，让你达到自己人生应有的高度。

当我出国旅游时，人们总问我："我们与他人有何不同？"我的回答总是："只要你有心且正确思考，就并无不同。"每个人都是相同的。

我们的相似比不同要多。当然，人们早年受自身文化影响，会对金钱产生固有思维。这些通常来自双亲、监护人、其他的家庭成员、老师、朋友、宗教领袖甚至是媒体。尽管这些人出于好意，但你要问问他们富有吗，如果不是，那么他们能教你的仅仅是他们知道的，而这结果，最好也只是平庸的财务水平，而更坏则导致贫穷。

我知道发表的观点会令一些人产生困扰。也许该为冒犯到这些人说抱歉，但我不。因为我说的都是事实，并能帮助他人。这个观点就是："如果你想变得富裕，别听破产者对钱的观点。"他们所能教你的，就是变得像他们。

我们现在处在一个经济体剧变的年代，全球一体化是世界的发展趋势。我们正经历一种全球性疾病，那便是将恐惧大量注入人们的精神中。让我来告诉你，因为你能创造成功和财富，所以这些都不重要。别太在意经济状况，有人失败就有人成功。实际上，每一期福布斯世界五百强榜单上的成功企业，50%都是在上一次经济衰退中起家的。因此这与经济实况无关，而与你有关。你有自己的经济环境，而我希望本书能帮你理解它，并让你从中获益。

最后，我想要提出这个问题："任何人都能获得财务成功吗？"我在全世界拥有四百万学生，我能斩钉截铁地回答："是！"当然，成功有不同境界，一些人会成为巨富，而另一些人则是简单地实现财务自

由，不用上班。但答案仍然是："是。"而这一切都从拥有有钱人的思
维开始。

祝您前程似锦。

享受此书吧！

哈维·艾克

哈维·艾克到底是个什么家伙？
为什么我要读他的这本书

来上我的训练课程的人，通常一开始就会被我吓到，因为我会说："我说的话你一个字都不要相信。"为什么我会这样建议呢？因为这是我从自己的经验中得到的结论。我所分享的所有概念和智慧，本质上都没有绝对的真或假、对或错，而只是反映了出现在我自己和我上百万学生身上的结果。话虽如此，我却深信，如果你们把这本书所讲的原则付诸行动，你们的生命一定会彻底改观。不要只把这本书拿起来读一读，而要好好研究它，就当作你的人生都得仰赖这本书了，然后亲身试验书上的观念。如果发现那些观念有用，就继续做，没有用的话，你大可把它丢掉。

我可能有点偏颇，但我要说，谈到钱这件事，这本书可能是你一辈子所读的最重要的一本。我知道这么说太大胆，不过事实就是，在你对成功的渴望与你实际获得成功这两点之间，有一个环节不见了。而这本书就是那个关键环节。也许你已经发现了一件事：渴望成功和实际获得成功，实在是两个世界。

你一定也读过其他的书，或者听过其他的有声书，可能也上过课，学过各种关于房地产、股市、做生意的投资致富方法。请问你，效果如何？我想，对大部分人来说根本不起作用，只不过短时间内充满了能量，没多久就又回到原状。

你总算要在这里得到答案了。这是很简单的定律，所以你不会走冤枉路。这个答案就是：**如果你潜意识里的"财富蓝图"不是把目标"设定"在成功，那么你无论学了什么，懂了什么，做了什么，都不会有任何效果。**

这本书的每一页，都想为你解开迷惑，让你明白为什么有些人注定成功，有些人却注定一辈子为钱辛苦奔忙。你会了解是什么根源造就了人的成功、一辈子平庸，以及理财的成功或失败，并且开始朝更好的财务状况前进。你会知道，童年经历如何影响每一个人的金钱观，以及这些影响是如何形成了会打击自己的思想和习惯。你会体验到威力强大的宣言，它会帮助你改变心灵的"财富档案"，把你原先那些没有建设性的想法换掉，让你像有钱人一样思考，像他们一样成功。你还会学到实用的策略，让你逐步上手，从增加收入到累积财富。

在本书的第一篇，我们会解释每一个人对于钱的想法和行动是如何被制约的，而且提出四项可以修改内在财富蓝图的关键因素。在第二篇，我们将对照检视有钱人和穷人的思考方式，提供十七种态度和行动方法。只要你采用了这些方法，你的财务状况将会从此完全改变。书中还安插了几个从数千封学员的信件和电子邮件中筛选出来的例证，他们的人生都在上过我的课程之后产生巨大改变。

那么，我个人的经历又如何？我是不是一直都那么成功呢？啊，但愿如此！

我就像你们多数人一样，具备很多的"潜力"，但几乎没有发挥多少。我读过好多书，听过好多有声书，也上过好多训练课程，我真的真的真的非常想要成功，不知道是为了钱，为了自由或成就感，还是只是为了证明我没有辜负爸妈的期望。总之，我以前真是想"成功"想到快发疯。

二十几岁的时候，我做过好几种生意，每一次都梦想着财富指日可待，不过结果都很惨淡，而且一次比一次惨。

我工作努力得像条狗，却总是左支右绌。我得了"尼斯湖水怪病"①：我听过这种叫作"赚钱"的东西，可是我从来没见过。我老是

---

① 尼斯湖水怪是生活在英国苏格兰尼斯湖的传说中的生物，它吸引了全世界的探险者和科学家，也成为经典的自然之谜之一。尼斯湖水怪病，在这里指只听说过但没见过的东西。

想："如果我做对了行业，骑上了对的马，我就会成功。"不过我错了……都没有用，至少对我没有用——正是这句话的后半段给了我一记当头棒喝。为什么别人跟我做一模一样的生意会成功，但我还是一穷二白？我这位"潜力先生"究竟是出了什么问题？

于是我认真展开了一趟心灵探索，检视我的信念，然后发现，我虽然嘴上嚷着好想发财，但是我内心对于赚钱这件事有一些根深蒂固的忧虑——大部分是害怕。害怕失败，害怕成功之后会莫名其妙又失去一切，变成大饭桶。更糟的是，我害怕会输掉自己一直小心维护的那个东西：那个我说自己拥有无限"潜力"的"故事"。万一我发现自己并不具备成功的条件，而是注定一辈子庸庸碌碌呢？

然后，实在是幸运，我爸一位有钱的朋友到我爸妈家和"男孩们"玩扑克牌，中场休息时他发现了我。那是我第三次搬回家住，我住的是"底层套房"，也就是地下室。我猜我爸可能向这位友人抱怨过我悲惨的处境，因为他看我的眼神里有一分同情，那通常只在葬礼上才会出现。

他说："哈维，我一开始也跟你一样，是一个扶不起的阿斗。"太好了，我心想，听到这些真是好过太多了。我应该让他知道我很忙……忙着看墙壁上的油漆剥落。

他继续说："不过后来我听到的一些忠告改变了我的一生。我也想告诉你。"

拜托，老爸训话的场景又要上演，而他不是我爸！

终于，他说："哈维，如果你不像你想要的那么成功，那么就是有些事情你还不知道。"

我当时乳臭未干，以为自己什么都懂，但是银行户头持相反意见。所以我开始认真听。他说："你知道大部分有钱人的想法都很相像吗？"

我说："不知道，从来没这样想过。"

他回答："我没有科学依据，**不过大体上来说，有钱人具备某些思考方式，而穷人则是用完全不同的方式思考。这些思考方式决定了他们的行动，也因此决定了他们的结果。**"

他继续说："如果你是用有钱人的方式思考，做有钱人做的事，你认为有没有可能也变成有钱人呢？"

我记得我用微弱的自信心回答道："我想会吧。"

他回答："那么，你只需要做一件事，就是去模仿有钱人的思考方式。"

那时候对凡事都容易起疑心的我，对他说："那么，你现在在想什么？"

他回答："我在想，有钱人都会信守承诺，我现在的承诺就是要去找你爸，他们正在等我呢。回头见。"

他走出去了，不过他的话留在我脑子里了。

那时的我一败涂地，于是我想，管他呢，我就开始全心研究有钱人和他们的思考方式。我学习所有心灵运作的内在法则，但主要集中在与金钱和成功有关的方面。我发现事情真的是这样：有钱人的想法，真的与穷人，甚至和生活小康的人都不一样。终于，我发现了我过去的思想是如何阻碍了我获得财富。更重要的是，我学到好几种有效的方法和策略，重新设定我的心灵与思维，让自己采用和有钱人一样的方式思考。

最后，我对自己说："废话说够了，来接受试验吧。"我决定再做一项生意。因为我非常喜欢健身和运动，所以我在北加州开了第一家健身用品经销店。我没有现金，于是用信用卡借了两千美元当作创业资金。我开始运用我从有钱人身上所学来的经商策略和思考策略，第一件事就是：相信自己一定会成功，而且只许成功不许失败。我发誓我会集中心力，直到我成为富翁才会离开这项事业。这与我过去的方式完全不同。我以前总是只想得到短期的好处，所以常常在遇到更好的机会或是发现情况不理想的时候就掉转方向。

而且，每当我在金钱方面又出现了消极的态度或是无用的思考时，我也会开始挑战自己的内在模式。过去的我，相信我自己心里说的就是真理，但是后来我学到，我的心灵可能就是我成功的最大障碍。于是我选择了不去理会那些对于我的财富远景毫无助力的想法——我采用了你在这本书里将要学到的所有原则。有效吗？老天，超有效！

我这次做的生意太成功了，两年半就开了十家分店。后来，我把公司一半的股份以一百六十万美元的价钱卖给了一家名列《财星》杂志五百强的企业。

然后我搬到了阳光普照的圣迭戈，花了几年精进我的经营策略，并且开始做一对一的企业顾问。我想我这份工作应该对人很有帮助吧，因为大家不断介绍朋友、合伙人和同事给我。没多久我就开始同时一次带领十个人，有时候是二十个人的团体。

我的一个客户建议我干脆开课教授。我觉得这个主意不错，于是成立了"街头智慧商学院"（Street Smart Business School），把"街头"的商业策略教给数千位学员，帮助他们达到"高速"成功。

我在北美各地往来穿梭主持研习会的时候，发现了一个奇怪的现象：你会看到两个人在同一间教室里并肩坐着，学习同样的原则和技巧，其中一个人会运用这些工具，快速达到成功，但是坐在他旁边的另外一个人呢，什么改变都没有！

这很明显表示，你可能拥有了最棒的"工具"，不过你的"工具箱"（我现在指着我的头）有一个小裂缝，那就麻烦了。为此，我设计了一个以追求金钱和成功的内在游戏为主题的"有钱人脑袋密集训练课程"（Millionaire Mind Intensive Seminar）。当我把内在游戏（工具箱）与外在游戏（工具）结合之后，几乎每个人都一飞冲天！这，也就是你们将在这本书中学到的：如何掌握内心的金钱游戏，以赢得外在的金钱游戏——也就是，如何用有钱人的思考方式来让自己变得有钱！

　　人们时常问我，我的成功是属于"捞一票"型还是持续型。我想这么说明：我运用自己所教导的那些原则，到现在已经赚进好几百个几百万，并且现在是几千万富翁的好几倍。大体上，我的投资结果都赚钱，所投资的事业也业绩长红。有些人告诉我，说我有"点石成金"的魔力，凡是我参与的事业一定能赚大钱。他们说得没错，但是他们可能不了解，所谓的拥有点石成金的魔力，也就是拥有一个把目标设定为成功的"财富蓝图"——这个能力，你在学会了这些原则并且付诸行动之后，也会拥有。

　　在早期的"有钱人脑袋密集训练课程"里，我通常会问学员："请问有多少人是来这里学习的？"这个问题有点诈，因为如同作家乔许·比令斯说的："阻止我们成功的并不是我们不懂的事情。那些我们深信不疑、但其实不然的事情，反而是我们最大的阻碍。"这本书与其说是关于学习，还不如说是关于"抛开你所学到的东西"！因为你一定要认识到，就是你自己原有的思考和行为模式造成了今天的你。

　　如果你真的很有钱，很快乐，那很好；但如果你不是，我想请你考虑几种可能性，会不会你的某些想法并不应该放进你目前认为正确或是适合你的"工具箱"里？

虽然我建议你"我说的话你一个字都不要相信",而且要你在自己的生活中亲身试验这些概念,但我要请你相信你正在阅读的这些观念,并不是因为你是我的朋友,而是因为成千上万的人已经因为运用了这本书里的法则而完全改变了自己的生命。

谈到信任,我想到我很喜欢的一个故事。有一个男人走在悬崖边上,突然失去平衡,滑了一跤,摔下悬崖,但是他很幸运地抓住了崖壁,为了保命只好悬挂在那里。挂着挂着,他终于喊了出来:"上面有人吗?救救我吧!"但是没有回应,他继续呼喊:"上面有人吗?救救我吧!"终于,有一个洪亮的声音回答他:"我是上帝,我可以帮助你。你把手放开,要完全信任我。"然后你听到这个男人仍然在喊:"上面有人吗?救救我吧!"

这个故事的道理很简单:如果你想往上升到更高的生命层次,就必须放弃一些旧的思考和存在方式,并且接受新的方式。最后的结果会为你证明一切。

第一篇

你的财富蓝图

致富其实是一种心理游戏

我们生活在一个二元对立的世界里：上与下、明与暗、冷与热、内与外、快与慢、左与右。这些还只是千百种对立之中的几个例子而已。有了一个极端，表示一定同时有相对的另一端存在。有了右边，不可能没有左边。

所以，在钱这件事上，有外在的法则，当然也有内在的法则。外在的法则包括商业知识、理财和投资策略等等，这些是很重要的因素，不过内在技巧也一样重要。举个例子来说，想成为一个顶级的木匠，拥有顶级的工具固然重要，但是能不能善加利用这些工具才是关键。

我个人常常说一句话："仅有适当的时间、适当的地点还不够，你必须是在正确的时间、正确的地点出现的正确的人。"

所以，你是谁？你如何思考？你的信念是什么？你有哪些习惯和特质？你对自己真正的感觉是什么？你如何与别人建立关系？你对别人的信任有多少？你真的觉得自己值得拥有财富吗？在恐惧、忧虑、挫折与种种不方便的情况下，你的行动能力如何？你在心情不好的时候还有行动能力吗？

事实上，你的性格、思想和信念，决定了你的成就能有多高。

我最喜欢的作家之一斯图亚特·怀尔德（Stuart Wilde）说过："成功的关键在于提高你的能量；当你提高了能量，别人自然会被你吸引。一旦他们慕名而来，你就要他们付钱！"

致富法则：

你的收入，只能增加到你最愿意做到的程度！

为什么财富蓝图很重要？

你有没有听说有人在财务方面一塌糊涂？你有没有注意过，有些人本来有很多钱，后来却千金散尽；有的人起头做得很好，后来却搞砸了？从表面来看，这些人是时运不济、碰上了经济不景气、遇到了糟糕的合伙人，或是别的什么。但是，假如从内在因素来看，其实是另外一回事。如果你在还没准备好的时候就得到一大笔钱，那么这笔钱极有可能不会待在你身边太久，它们早晚会离开你。

大部分的人都没有足够的内在能力去创造并守住大笔的财富，去面对各种伴随着金钱与成功而来的挑战——这些原因，读者诸君啊，就是这些原因使得大多数人没办法变成有钱人。

最好的例子就是买彩票中奖的人。不断有研究显示，中奖的人所赢得的奖金数目不管多大，大部分人最后还是会回到中奖之前的经济状况，因为他们只能掌控那么多财富。

可是呢，那些白手起家的千万富翁就完全不一样了。值得注意的是，那些靠自己努力而致富的人，在失去财富之后，通常在很短的时间内就可以把钱全部赚回来。地产大亨唐纳德·特朗普（Donald Trump）就是绝佳的例子。特朗普本来身家数十亿美元，后来一度失去一切，然而几年后他就把失去的钱全部赚了回来，而且比先前更富有。

为什么会这样？这是因为，白手起家的富翁也许会输掉万贯家财，但是他们不会失去那个让他们获得成就的最重要因素，也就是他们那颗"有钱人的脑袋"。以特朗普为例，他脑子里想的不止是千万，他绝对不可能只是千万富翁而已。如果他的身家只有百万美元，你认为他会如何看待自己的财务成就？我想特朗普可能会认为自己一贫如洗，一败涂地！

因为，特朗普把自己的财富"调温器"设定在几十亿的位置，而不是百万。大多数人的财富调温器都设定在几千美元，而非几百万美元的刻度上；有些人的财富调温器只设定在几百美元的位置上；另一些人的财富调温器则设定在零度以下，这些人冷得要死，却不明白自己为什么会受冻！

事实上，大多数人都没有完全发挥自己的潜力，所以无法成功。研究显示，百分之八十的人一辈子都无法如愿达到财务自由的状态，而且有百分之八十的人从来不觉得自己真正快乐。

原因很简单。因为大多数人都没有意识到自己在方向盘前面昏昏欲睡，他们的工作和思想都只停留在表面——他们只看他们看得到的东西，只活在肉眼可见的世界里。

种什么因，就结什么果

想象一棵树。假设这棵树是生命之树，这棵树上结了果实。在现实生活中，我们的果实就是我们的成绩。所以，当我们看到果实（我们的成绩）感觉不满意时，这可能是因为果实的数量不够、果子太小，或是不好吃。

那么我们怎么办？大部分人会把更多心思和关注点都放在果实上面。但是，真正创造这些果实的是什么呢？是种子和根。

地上的东西，是地面下的东西创造出来的；我们看得见的东西，来自我们看不见的东西。那是什么意思呢？意思是，如果你想改变果实，你首先必须改变它的根；如果你想改变看得见的东西，你必须先改变看不见的东西。

致富法则：

如果你想改变果实，你首先必须改变它的根；如果你想改变看得见的东西，你必须先改变看不见的东西。

一定有人会说："眼见为凭。"我要反问这种人："那你为什么要花钱买电来用呢？"你看不见电，但是你一定知道它的力量，也在使用它。如果你对于电的存在有任何疑惑，不妨直接把手指插进插孔里，我保证你的疑惑会瞬间消失。

我从自己的经验中得知，在这个世界上，看不到的东西，它的威力远胜过我们看得到的任何东西。你可能同意也可能不同意这个说法，不过若是你没有把这个道理运用在生活中，一定会吃亏。为什么？因为你违反了自然律：地下的东西创造出地上的东西，看不见的东西创造出看得见的东西。

人类也是大自然的一部分，并不高于大自然。因此，假如我们顺从自然的定律而行，把功夫下在根源处——也就是我们的内在世界，那么我们的生命也会平顺展开。如果不这样，生活就会窒碍不顺。

在地球上的每一座森林、农场、果园里，都是由地下的东西创造出地上的东西。所以，你把精力花在已经长出来的果实上是白费力气，因为你无法改变已经悬在树上的那些果实。

但是，你可以改变明天长出的果实——若想这么做，你必须先深入地面，使果树的根部变得强壮。

精神世界	情感世界
灵性世界	物质世界

你必须了解一项重要事实，就是我们不是只生活在一个平面上，而是至少同时存在于四个不同的象限上。这四个象限是：物质世界，精神世界，情感世界，灵性世界。

大多数人不了解，物质世界只不过是其他三个世界的"打印件"罢了。

举个例子来说明。假设你在电脑上写了一封信，按下打印键，打印机把你刚才所写的内容打印出来。你看着打印稿，哎哟，发现了一个错字。你拿出你那好用的橡皮擦，把错字擦掉，然后再按打印键——怎么搞的？新打出来的信还是有那个错字。

老天爷，这种事怎么可能发生？你明明把它擦掉了啊！于是你更用力，用了一块更大的橡皮擦，甚至还找了一本三百多页的《如何使用橡皮擦》的书来研究。现在你拥有了"工具"和"知识"，一切准备就绪。于是你再次按下打印键，结果还是一样！"不可能！"你大叫，

"怎么可能这样？发生了什么事？我是见鬼了吗？"

事情是这样的，问题并不是出在"打印件"这个物质的世界，而必须要从"设定"下手，也就是从精神的、情感的和灵性的世界下手。

金钱是一种结果；财富是一种结果；健康是一种结果；生病是一种结果；你的体重也是一种结果。我们活在一个有因有果的世界。

致富法则：

金钱是一种结果；财富是一种结果；健康是一种结果；生病是一种结果；你的体重也是一种结果。我们活在一个有因有果的世界。

你有没有听人说过，缺钱是个问题？现在，你听清楚了：缺钱，绝对、绝对、绝对不是一个问题。缺钱只是一种症状，它透露了表面之下的状况。

缺钱是一种结果，那么，什么是造成缺钱的根本原因？一言以蔽之：唯一能改变你的外在世界的方式，就是先去改变你的内在世界。

不管你得到的结果是什么，是穷是富，是好是坏，是正面还是负面，你都应该永远记住一个道理：你的外在世界，只不过是你内在世

界的反映罢了。如果你的外在生活过得不好，那是因为你的内在生活不顺遂。就是这么简单。

宣言：促成改变的强效秘诀

在我所开设的训练课程里，我们使用"加速学习"技巧来让你学得更快，记得更多。这个技巧的关键在于参与。这套训练法的基本做法来自一则古老的谚语："你听到了，会忘掉；你看到了，会记得；你去做了，会了解。"

所以我现在要求你，读了这本书里的一项重要法则之后，就要把手放在心上，提出一个口头的"宣言"，然后用食指碰一下你的头，再做另一个口头"宣言"。什么是宣言？它是一个大声强调的积极声明。

为什么提出宣言是一件重要的事？

因为，世间万物都是由能量构成，而所有的能量都是以频率和振动的方式在移动。当你大声说出一个宣言，它的能量就会穿透你身体里的细胞，而假如这时候你同时还碰触着自己的身体，你就能感觉到它特殊的共鸣。宣言不但能把一个特殊的讯息传达到宇宙中，也能把一个强而有力的讯息传送到你的潜意识里。

宣言和宣誓的差别其实不大，不过我认为它们之间的微小差异却造成了非常不同的影响。"宣言"的定义是："正式表述你想采取某个行动或是某个立场的意愿。"

而当你在宣誓时，表示你有了一个目标。我不怎么喜欢宣誓，因为通常我们用笃定的语气说某事必然为真的时候，我们脑子里那个小小的声音往往会回答："这不是真的，这是胡扯！"

反过来看，提出宣言就不是在表明某事为真，而是在陈述我们有心想要做某件事、想成为某种人。这种方式，我们心中那个小声音就愿意接受了。因为我们不是在说这件事现在是真的，而是在说：**这是我们想要看到的未来。**

就意义来说，提出宣言也是正式的，它是把能量投入宇宙、穿透你身体的一个正式声明。

从这个定义而来的另一个词——行动，也很重要。你必须采取一切必要的行动，让你的意念成为事实。

我建议你每天早上和晚上都把你的宣言大声说一次。假如能对着镜子说出你的宣言，将更能加速它的实现。

我必须承认，我第一次听说这个方法的时候，我先是想着："我才不要做。这太扯了。"不过由于我当时实在山穷水尽了，所以最后我决定："管他呢，试试看吧。反正又不会死。"然后我就开始做了。现在呢，我发财了。所以我说我相信宣言真的有效，应该不会令人意外吧。

总之，我宁愿做一件看起来很离谱，但我最后变得很有钱的事，也不要做看起来很酷，但是最后穷得要当裤子的事。你呢？你要选哪一个？

好啦，现在，请你把手放在你的心上，照着以下这些句子念一遍：

这是我的宣言：

"我的内在世界创造了我的外在世界。"

现在，摸着你的头说：

"这是有钱人的脑袋！"

财富蓝图是如何形成的？

我去广播电台或电视台上节目的时候，有一个习惯大家都知道，就是我一定会说出以下这段话："给我五分钟，我就能预测你下半辈子的财务状况。"

致富宣言：

给我五分钟，我就能预测你下半辈子的财务状况。

我如何做到呢？只要跟你聊几句，我就可以看出你对于金钱和成功到底怀抱着一份怎样的"蓝图"。每个人都有一份自己的金钱和成功的蓝图，它深植在我们的潜意识里。这张蓝图比其他所有东西的总和都更能决定你的财富命运。

什么是财富蓝图？就像建筑蓝图是在盖房子之前所做的计划或设计，你的财富蓝图就是你对金钱所拟订的计划，或是所采取的态度。

以下要介绍一个非常重要的公式，它会决定你如何创造你的生活和财富。这个公式，被多位开发潜能的知名讲师用作教学的基础。它叫作"实现程序"（Process of Manifestation）：

$$想法 \rightarrow 感觉 \rightarrow 行动 = 结果$$

致富法则：

想法产生感觉，感觉产生行动，行动产生结果。

你的财富蓝图，包含了你对金钱的想法、感觉和行动。

那么你的财富蓝图是如何形成的呢？答案很简单，它主要是由你所接收到的资讯或是"程式设定"而形成的，特别是你在小时候所接收到的资讯。

是谁造成了这些程式设定或者制约？对大部分人来说，它们来自父母、兄弟姊妹、朋友、权威人士、老师、宗教领袖、媒体以及文化背景。

拿文化来说，某些文化对于金钱有某种观点，而另一种文化对金钱的观点却可能截然不同。你以为小孩是带着自己的金钱观出生的吗？当然不是。孩子对金钱的想法和行为，都是教育的结果。

　　这对所有大人来说也一样。你对钱的想法和行为是被教导出来的。这些教导，会变成制约，再变成自动反应，一辈子控制着你。如果你想改变自己的金钱观，除非你能介入并修正你心中的金钱档案，才可能做到——这正是这本书的目的。年年有数千人在我的训练课程上做到这一点，而且是在深入又持久的层次得到改变。

　　前面说过，想法产生感觉，感觉产生行动，行动产生结果，所以现在有一个有趣的问题：你的想法是从哪里来的？你的想法为什么跟别人不一样？

　　你的想法来自你心灵储藏柜中的"资讯档案"，而这些资讯又是从你过去的"程式设定"而来。没错，你过去所受到的制约，决定了你心里会出现哪些念头。这就是为什么我们会说某人的心灵受到了制约。

　　为了反映这样的认知，现在我们可以将"实现程序"修改为以下这个形式：

设定 → 想法 → 感觉 → 行动 ＝ 结果

　　你的设定会产生想法；你的想法产生感觉；你的感觉产生行动；你的行动产生结果。

因此，就像处理个人电脑一样，只要先改变你的程序设定，就是跨出了重要的一大步，朝向新的结果前进。

我们是如何被制约的呢？我们在生活的每一个领域中都被三个主要的方式制约：

语言设定： 你小时候听到了什么？

模仿： 你小时候看到了什么？

特殊事件： 你小时候有哪些遭遇？

这三方面的制约非常需要我们深入了解，所以现在就逐一来讨论。（在这本书的第二篇，你会学到如何重新把自己设定为"追求财富和成功"。）

第一种影响：语言设定

首先讨论语言设定。你在成长的过程中听过哪些和金钱、财富、有钱人有关的话？

你有没有听过以下这些说法？钱是万恶的渊薮，储蓄是为了不时之需，有钱人都很贪婪，有钱是一种罪过，钱很脏，你要努力工作才能赚到钱，钱不会从天上掉下来，你不可能又有钱又有内涵，金钱买不到快乐，有钱能使鬼推磨，富者愈富，贫者愈贫，我们不该奢望得到那个东西，不是每一个人都能有钱，钱永远不够用，以及一句最恶名昭彰的——我们买不起。

我小时候，每次向父亲要钱时总会听到他大叫："我是钱做的吗？"我总会开玩笑地回答："我希望是呀。那我会要一条手臂、一只手，或是一根手指头。"他从来没有笑过。

这就是问题所在。你年幼时听到的任何有关金钱的话，都会留在你的潜意识里，成为支配你金钱观的一股力量。

语言的制约力实在太强大了。我儿子杰西三岁的时候，有一次很兴奋地跑来对我说："爸爸，我们去看《忍者神龟》的电影，就在我们家附近上映。"我已经活了半辈子，可还是想不通，这个路还走不稳的小娃竟然通晓地理。几个小时后，我在宣传这部电影的电视广告上找到了答案，这广告的最后一句话这样说："现正在你家附近的影院上映。"

另一个关于语言制约力的例子，出现在我们训练课程的一个学员斯蒂芬身上。斯蒂芬的问题不是他赚不到钱，而是他留不住钱。

来上课的时候，斯蒂芬的年收入九年来都超过八十万美元，但他还是觉得钱不够花。不知道为什么，他就是有办法花钱、借钱，或是因投资不当而惨赔。总之，他来上课的时候，财产净值几乎是零。

斯蒂芬告诉我们，在他成长的阶段，母亲总是说："有钱人都很贪婪，他们靠穷人的血汗赚钱。赚的钱够用就好，多赚就是猪了。"

就算你不是科学家也能猜出斯蒂芬的潜意识会上演什么样的戏码。难怪他会变成穷光蛋，因为他被母亲的语言制约了，他相信有钱人都很贪心。所以他在心里把有钱与贪婪画上等号，如果他不想变成贪婪的人，他在潜意识里就会不想变得富有。

斯蒂芬爱他的母亲，不希望被母亲否定。但按照母亲的信念，斯蒂芬变得有钱之后，母亲是不会肯定他的。所以他只好把手上的钱都花掉，否则他就会变成一头猪！

你可能会想，被问到是要选择当有钱人，还是要选择赢得妈妈（或相似意义的人）的认同时，大部分人会选择当有钱人。才怪！人的心灵不是那样运作的。当然，选择财富似乎才是符合逻辑的决定，可是假如我们的潜意识必须在深植的情感和冷硬的逻辑之间做出抉择，情感几乎是每战必胜的。

致富法则：

假如我们的潜意识必须在深植的情感和冷硬的逻辑之间做出抉择，情感几乎是每战必胜的。

回到斯蒂芬的故事。课程开始不到十分钟，斯蒂芬运用了几项非常有效的体验技巧之后，他的财富蓝图马上有了戏剧性的变化。后来不到两年，他就变成了大富翁。

斯蒂芬在这堂课上开始了解到，自己那些灰色的观念并不是他自己的，而是他母亲的，而他母亲的观念又是从她过去所受到的制约而来。然后，我们帮斯蒂芬拟出一项策略，让他在变成有钱人之后也不会失去母亲的认同。

这项策略其实很简单。

斯蒂芬的母亲很喜欢夏威夷，所以斯蒂芬在夏威夷的毛伊岛投资了一栋海滨公寓大厦。他把母亲送到那里住了一整个冬天。母亲开心得不得了，斯蒂芬也是。首先，母亲现在很喜欢儿子有钱，还到处宣扬儿子的慷慨；其次，斯蒂芬有半年时间不必招呼母亲。真是两全其美！

以我自己来说，我的事业在一开始的缓慢起步之后渐渐有了起色，不过我投资的股票完全没赚钱。后来我开始观察自己的财富蓝图，才想起小时候我爸爸下班后就坐在餐桌前，读着报纸的股市版，然后捶桌子大吼："那些该死的股票！"接下来他会大骂股市这套制度是多么愚蠢，去赌城玩吃角子老虎赢钱的概率都比买股票赚钱来得高。

你既然知道了语言的制约力量，应该不难明白我为什么在股市赚不到钱了吧？我的程式就是被设定成投资股票失败，而我的潜意识注定了我会选到错误的股票、价钱和时机。为什么？因为啊，我这是在配合我潜意识里的财富蓝图，也就是那句："那些该死的股票！"

几乎就在我重新设定我的语言设定的隔天，我挑的几只股票就开始上涨，后来也持续获利，一直到现在。我只能说，直到我把这株巨大的有毒植物从我内在的"财务花园"里挖掉之后，我才有机会欣欣向荣，开花结果！这听起来好像不可思议，不过只要你了解财富蓝图的运作方式，就会觉得一切都有道理可循。

我要再强调一次：**你的潜意识所受到的制约，决定了你的思想；你的思想决定了你的选择；你的选择，决定了你的行动，而你的行动就决定了你的结果。**

关于改变有四个关键因素，每一个因素都在你重新设定财务蓝图的过程中扮演重要角色。它们都很简单，但都很有威力。

第一个关键因素是**"察觉"**。你要先知道某件事存在，才谈得上改变它。

第二个关键因素是**"理解"**。理解了你的"思考方式"从何而来之后，你就会知道：一切都是从你的内在而生。

第三个关键因素是**"划清界限"**。只要你知道了这种思考方式不等于你自己，你就可以脱离它，并且选择保留它或放弃它。至于是要保留它还是要放弃它，就看你希望明天的自己是什么样子了。你可以观察自己这种思考方式，把它看个清楚；这是一个深藏在你心中很久很久的"档案夹"，而这个档案夹里面的资讯对你可能早就不是真理，或不具任何价值。

第四个关键因素是**"重新设定"**。这个因素会在本书第二篇详加讨论，说明哪些是可以创造财富的"心灵档案"。

认识了这四个关键因素的意义之后，我们来谈谈如何开始改变你的财富蓝图。

第一个改变的步骤：修改语言程式

一、察觉：写下你小时候听过的所有描述金钱、财富和有钱人的话语。

二、理解：写下你认为这些说法如何影响你的财务生活。

三、划清界限：你有没有看出来，那些关于金钱的想法只代表了你所学来的东西，而不是你自己的想法，也不是现在的你？你能不能看出来，你现在的所有选择都可以改变？

四、提出宣言：请把手放在你的心上，说出以下几句话：

"我所听到的关于金钱的看法，不见得都是真实的。我要选择新的思考方式，让它帮助我得到快乐和成功。"

第二种影响：模仿

第二种制约的方式叫作模仿。在你的成长过程中，你的父母或监护人对于金钱的态度是什么？是把财富管理得很好，还是很失败呢？他们是很爱花钱呢，还是很节俭？他们善于从投资中获利，还是根本不投资？他们会在人生中冒险，还是态度保守？他们的收入很稳定，还是时有时无？钱，在你家里是欢乐的源泉，还是痛苦的根源？

为什么要知道这些？因为，你可能听过一句话："有样学样。"没错，人类差不多都是这样。小时候，我们是靠着模仿来学习几乎所有的事物。

虽然大部分人不愿意承认，但是"有其父必有其子"这句老话实在太有道理了。

我想到一个小故事。有个女人在煮晚餐，把一块火腿的头和尾切下来丢掉。她丈夫看了觉得疑惑，女人解释说："我妈妈都这样做。"她母亲那天刚好到女儿家吃饭，女儿夫妻俩就问她为什么把火腿的两端切掉，母亲回答："我妈妈都这样做。"于是他们决定打电话问外婆为什么要把火腿的两端切掉，你猜外婆怎么回答？"因为我的锅子太小了！"

这个故事的重点是：一般来说，在与钱有关的事情上，我们的态度通常会和爸爸或妈妈相同，或者是结合了双亲的做法。

譬如我爸爸自己创业，从事建筑业，每一次所盖的房子从十几户到几百户不等，而每一次都要动用巨额的投资。在房子卖出去之前，爸爸必须倾尽家里全部财产向银行贷一大笔钱。所以，每一次他只要展开新项目，我们家就过得很拮据，而且是欠一屁股债。

你可以想见，在这段时间内我爸的脾气不会太好，花钱也不会太慷慨。如果我向他要任何一个会花到钱的东西，他先是说"难道我是钱做的吗"，然后是"你疯了吗"，最后我当然一毛钱都没拿到，只得到一个"再问你就给我试试看"的瞪眼。

这个场景会持续一两年，直到我爸盖的那些房子都卖出去，然后我们就会快乐得像是在天堂一样。我爸会突然判若两人，他变得十分开心、和蔼可亲，而且非常慷慨阔绰。他会主动问我需不需要钱，我虽然很想"以眼还眼"，回瞪他一眼，不过我没那么笨，所以我就说："当然啰，谢谢爸。"

好日子会一直持续到可怕的那一天，当他回家宣布："我发现了一块不错的地。我们要开始盖房子了。"我记得很清楚这时我会对他说："太好了，爸，祝你好运。"但是我的心会沉到谷底，因为我知道，又要开始挣扎了。

这个模式从我六岁左右，我有记忆以来就开始，一直持续到我二十一岁搬出父母家才结束——我那时以为这模式已经结束了。

二十一岁那一年我从学校毕业，你猜我从事哪一行？建筑业。后来我改行做了其他几种专案类型的营生。很奇怪，我通常会小赚一笔，但没多久就变得一穷二白。然后我再做其他事业，自信满满，觉得自己可以再度站上世界的顶端，直到一年后又跌入谷底。

这种起起伏伏的模式持续了将近十年，一直到我发现了问题的症结可能不是我所选择的行业不对、伙伴不对、下属不对、人环境不好，也不是我在情况大好的时候选择要休息一阵子。我终于明白了，可能啊，可能，我是不自觉地重复着我爸那种时好时坏的赚钱模式。

我只能说，谢天谢地，我学会了你在这本书里将会学到的东西，把自己从"溜溜球"的模式拉出来，重新设定为收入稳定增长的模式。今天，我还是会像以前一样，在一切都很顺利的时候冒出很冲动的念头，想要改变什么（然后毁了我自己），不过我的脑子里有了一个新的档案来帮我观察这种感觉，并对这种感觉说："谢谢你的建议，但是现在我们要重新聚焦，回去工作。"

另一个例子发生在我举办的一场讨论会上。这场讨论会结束后，一如往常，学员们排着队到台前找我签名，向我打招呼，或是说谢谢。我永远忘不了一个老先生，他哭着走向我，哭得上气不接下气，不断用袖子擦眼泪。我问他怎么了，他说："我今年六十三岁了，一直在看书，只要有相关的课程我就去参加。每一个有名的讲师我都见过，也试过他们教的东西。我试过股票、房地产，还有十几种其他的生意，后来回学校念MBA（工商管理硕士），我学到的知识比十个人加起来都多，却从来没有在赚钱这件事上成功过。每次总是开始很棒，到最后却一无所有，这么多年来我从不明白为什么，我想我大概是个笨老头吧……

"直到今天听完你的演讲，体验了你所带领的这整个过程之后，我终于豁然开朗。我本身的资质没有问题，只是我被洗脑了。我父亲的财富蓝图不断在我身上带来报应。我父亲经历过经济大萧条时期的最低潮，每天出去找工作或是做生意，然而回家时总是两手空空。假如我四十年前就知道你这个关于模仿和蓝图模式的理论就好了。我实在浪费太多时间去学习其他知识了。"说完,他哭得更厉害了。

我回答道:"你所学到的知识没有浪费你的时间。它只是潜藏在'心灵银行'中等待机会施展。现在你已经建立了一个'成功蓝图',你所学到的每一项东西都有用处,而且你会一飞冲天。"

在听到某些话的时候,人们会知道那是真理。只见他的脸色逐渐开朗,深深一呼吸,然后脸上浮出一抹灿烂的笑容。他紧紧拥抱着我说:"谢谢你,谢谢你,谢谢你。"

我后来收到他的信,他说一切都好。他在过去十八个月所累积的财富比过去十八年加起来还多。我真高兴听到这个消息。

所以,你或许拥有了全部的知识和技能,但如果你的"蓝图"不是以成功为目标的话,那么你的金钱与财务状况仍然不会好看。

来参加我们课程的学员,有许多人的父母经历过第二次世界大战,或熬过经济大萧条。当这些学员听到父母亲的经验会影响他们的观念和处理金钱的习惯时,往往大为震惊。有些人挥霍无度,因为他们认为"你可能一夜之间就失去所有的钱,所以不如在有能耐的时候尽量享受"。有些人则完全相反,他们把钱都储藏起来,"以备不时之需"。

这里要送你一句金玉良言:"未雨绸缪"固然是一句好话,却可能带来后患。我们另一套课程里教导了一项法则:"意念"的力量很惊人。如果你存钱是为了不时之需,那么你不会得到别的,你就是会等到那个有状况的"不时"出现!所以别再那样想啦,与其未雨绸缪,不如专心为了将来的快乐日子,为了终于不必再担心钱的那一天做准备——**根据意念法则的原理,你所预期的,你一定会得到。**

前面提到,在金钱方面,大部分人的态度会和父母亲相似,或者完全相同。可是另一些人却与父母的方式截然不同。为什么会这样?这和愤怒、叛逆有没有关系?其实,简单讲,这完全跟你有多生他们的气有关。

可惜我们小时候没办法对父母说:"爸,妈,我想跟你们说一件事。我不喜欢你们处理金钱的方法,不喜欢你们的生活方式,所以,等我长大,我的方法会跟你们完全不一样,我希望你们能了解。晚安,祝你们好梦。"

事情没有那样发生,相反地,如果时机不对,我们被惹恼了,通常我们会气急败坏,说出狠话:"我恨你。我永远都不要变成你这样。我长大以后会很有钱,可以买任何我想要的东西,才不管你喜不喜欢。"然后我们会跑进房间,用力摔门,砸枕头或是把手边的任何东西到处乱丢,以此发泄怒气。

许多出身贫穷家庭的人会对自己的背景感到愤恨,心生叛逆,这些人通常会外出打拼变成有钱人,或是至少怀着要出人头地的动机。不过，他们喉咙里会哽着一口气——不管赚了多少钱，不管是不是没日没夜地拼命工作想要成功，他们通常都不快乐。为什么？因为那股驱使他们追求财富的原动力是愤恨。因此，金钱和怨恨在他们的心里纠结，越是有钱，越是想多赚一点钱，他们就越满怀怨气。

后来，他们内心的自我会说："我受够了老是这样发脾气，把自己搞得很累。我只想过幸福平静的日子。"于是他们自问——问那制造出这种心态的同一个心灵——应该怎么办。所得到的答案是："如果你想摆脱怒气，应该先把烫手山芋给扔了。"他们接收到这个指引，在潜意识里想把钱给甩掉。

结果他们花费超支，投资错误，为了离婚付出巨大代价，或者因为某些原因而毁了自己的事业。不管如何，这些人现在总算高兴了——是吗？错！现在情况更糟了，因为他们仍然怨气冲天，而且还花光了钱。

他们丢错东西了！

他们把钱丢开，而不是把愤怒扔掉；他们丢的是"果"而不是"因"。他们对父母和家庭的愤恨才是真正的问题所在。除非能消解这份怒气，否则不管他们是贫是富，都不可能真正感到快乐或平静。

追求财富和成就的原因或动力，是非常重要的力量。如果你的动力来源并不是正面的，例如你是出于恐惧、愤怒而想致富，或者只是为了"证明"自己而想成功，那么你的钱永远不会带给你快乐。

为什么？因为你不可能用钱来解决这其中的任何一个问题。以恐惧为例，我在训练课上询问学员："认为恐惧是追求成就的最大动力的，请举手。"没有几个人举手。然而当我问道："认为安全感是追求成就的主要动力的，请举手。"几乎所有人都举手了。要知道，"追求安全感"和"恐惧"这两种动机，说穿了其实是很相似的东西。追求安全感，是出于不安全感，而不安全感基本上便是一种恐惧心理。

致富法则：

如果你的动力来源并不是正面的，例如你是出于恐惧、愤怒而想致富，或者只是为了"证明"自己而想成功，那么你的钱永远不会带给你快乐。

那么，赚更多的钱可以消除恐惧吗？别异想天开了！为什么？因为金钱不是问题的根源，恐惧才是。更糟的是，恐惧不只是一个问题，它还是一种习惯。因此，赚大钱只是改变了你的恐惧的样子。

假如我们破产了，往往会害怕无法东山再起，或是钱赚得不够多。但是，一旦我们成功了，内心的恐惧通常会转变成"万一我失去了我已经赚到的一切，该怎么办？"，或是"所有人都想拿走我的钱"，或是"我会被国税局榨干"。简单来说，除非我们能找到这个问题的根源，把恐惧消除，否则再多的钱也帮不上忙。

当然，如果可以选择的话，大部分人都宁愿在有钱的时候担心会失去一切，也不愿口袋空空。不过，这两种生活方式都不是一般人承受得了的。

很多出于恐惧心理而拼命想赚钱的人，是把获得财富当作一种证明自己"够好"的方式。这个难题在本书第二篇会详加讨论，然后你就会明白，再多的钱也不可能让你对自己满意。你会成为现在的样子，并不是金钱造成的。而你心中那个"永远必须证明自己"的课题，变成了你习惯的生活方式，你根本没有察觉到它在折磨你。你说自己是功成名就人士，苦干实干，意志坚决——这些特质都不错，唯一的问题是：你为什么会这样？推动这一切的根本动力到底是什么？

那些被某种力量驱使着要证明自己够好的人，觉得生活中一切的人事物都"不够"，而再多的钱也不能减轻这种痛苦。再多的钱或其他物质，都不可能使这种人的内心得到满足。

我要再强调一次：问题都在你自己身上。记住，你的内在世界决定了你的外在世界，如果你认定自己不够好，你就会把这个想法合理化，并且创造出那个"不够"的现实状况。相反地，**如果你相**

信自己是富足的，你也会把那个信念合理化，并且创造出富足丰盛。为什么？因为"丰盛"会变成你的根源，自然而然成为你的生活方式。

你要在心中划清界限，不要让愤怒、恐惧成为你追求财富和证明自己的动力，然后你就可以建立新的联结，让你赚钱赚得很有目标，觉得自己有所贡献，而且从中得到喜悦。这样一来，你就永远不必以摆脱金钱来得到快乐。

与父母相背而行，不尽然都是错的。如果你是个叛逆的孩子（排行老二的孩子往往如此），而家人的理财习惯不好，那么你跟他们不同反而可能是好事。但如果你的父母很有成就，而你却反抗他们，那么你可能会陷入严重的财务问题。不管你是哪种状况，重要的是你要认清楚一件事：你的生活方式，与双亲的金钱观，或者其中一人的金钱观，有密切的关联。

第二个改变的步骤：你在模仿谁

察觉： 想一想父母处理金钱的方式和习惯是怎样的，你跟他们有哪些地方是完全一样的，哪些是完全不一样的地方？把这些写下来。

理解： 这个模仿步骤如何改变你的财务生活？把它写下来。

划清界限： 你明白这个方式只是你后天学习的，并不是你自己原本有的吗？你明白现在你有权利选择改变吗？

> **这是我的宣言：**
>
> 请你把手放在你的心上，大声说：
> "我所模仿的金钱观念是他们的。我现在要选择自己的方式。"
> 现在，摸着你的头说：
> "这是有钱人的脑袋！"

第三种影响：特殊事件

第三种使我们受到制约的重要因素是特殊事件。你小时候，对于金钱、财富和有钱人有什么经历或体会？这些经历太重要了，因为它们会形成你一生的信念或是幻想。

让我举个例子说明。有个名叫乔希的护士来参加密集训练课程。她的收入很高，但不知为什么总是会把钱花光。我们深入了解后发现，她十一岁的时候，有一次与父母和姐姐去中餐厅吃饭，这期间，她父母又为了钱的事而针锋相对。她父亲站起身，大吼大叫并捶打桌子。她记得父亲的脸一会儿泛红一会儿发青，然后心脏病发，倒在地上。乔希是学校的游泳校队队员，学过心肺复苏术，于是立即为父亲做急救，但仍然回天乏术。父亲死在她的怀里。

因此，从那一天起，在乔希的心里，金钱就和痛苦紧密相连。也难怪她成年以后会出于潜意识挥霍掉所有的钱，以减轻内心的痛苦。

有意思的是，她选择了当护士。为什么？也许她还想要挽救她父亲的生命？

在我们的训练课程里，我们帮乔希找出她旧的财富蓝图，并且加以修正。今天，她正大步迈向财务自由之路，也不再当护士了——并不是她不喜欢护士这份工作，而是因为她从事这份工作的原因是错误的。她现在是财务规划师，也是一份助人的工作，不过是一对一的工作——深入了解客户过去的程式如何控制了他们今日的理财方式。

我再举一个更接近核心的例子。我太太小时候只要听到卖冰激凌的货车接近的叮当铃声，就会跑去找妈妈要硬币，她妈妈总是回答她："对不起，亲爱的，我没有钱，你去找爸爸要。爸爸才有钱。"我太太便跑去找爸爸要，然后开开心心地去买冰激凌吃。

日复一日，同样的状况不断重复，那么，我太太最后会学到什么样的金钱概念呢？

第一个就是，男人才有钱。所以我们结婚后，你猜她会期待我怎么做？没错，拿钱回家。我告诉你，这回她要的可不仅仅是硬币而已，她的段数已经提高了。

她学到的第二个概念是，女人没有钱。如果她妈妈（她的模仿对象）没有钱，显然她也应该如此。于是她在潜意识里就会想花掉所有的钱。这件事，她做得十分彻底。你给她一百美元，她花一百美元；

你给她两百美元，她就花两百美元；如果你给她五百美元，她就把五百美元花光；如果你给她一千美元，她会花一千美元。后来她来上我的课，学会了各种财务杠杆的技巧。我给她两千美元，她可以花掉一万美元！我试着向她解释："亲爱的，你这样不对。财务杠杆的意思是我们应该拿到那一万美元，而不是花掉它。"不知为何，她就是听不进去。

我们不会为别的事吵架，只会为钱的话题争执。这差一点使我们赔上了婚姻。当时我们并不知道我们对于金钱的看法如此截然不同。对我太太来说，金钱意味着立即的享受（就好像她小时候享受她的冰激凌一样）。我则相反，从小就相信必须不断累积金钱，才能换取自由。

对我来说，不管我太太什么时候花了钱，她花掉的都不是钱，而是我们未来的自由。但是对她而言，不管何时，我只要阻止她花钱，就是在剥夺她人生中的享受。

感谢老天，我们后来都学会了修正自己的财富蓝图，更重要的是，我们为了两人的婚姻而创造了第三份财富蓝图。

这一切努力有用吗？这么说吧，我这辈子至今遇到过三项奇迹：

第一，我的女儿出生。

第二，我的儿子出生。

第三，我太太和我不再为钱而争吵！

统计数字显示，导致婚姻破裂的头号杀手就是钱。人们会为钱吵架，背后最大的原因不是钱本身，而是夫妻两人的"财富蓝图"无法配合。重点不在于你有多少钱，或者你根本没有钱，重点是，如果你的财富蓝图与对方不一致，那就麻烦了。这个道理，对于夫妻、情侣、家人，甚至商业伙伴都可以成立。所以，你要了解的是财富蓝图的问题，而不是金钱的问题。一旦你能看出对方的财富蓝图，你们就能用适合你们双方的方式来相处。

如何看出对方的财富蓝图？首先你要开始知道并接受，你伙伴的"财富档案"可能与你有所不同。知道之后，不要觉得沮丧，而要用谅解的态度面对。尽可能去理解你的伙伴在钱这件事上最在乎的是什么，并找出他的动机是什么，有没有哪些恐惧。用这种方式，你就可以从原因下手，而不是一味去对付结果，这样才可能改善彼此的关系。如果不这样做，你根本别想改善你与对方的关系。

我们的密集训练课程会让你学到，如何辨识你合作对象的财富蓝图，如何创造你们俩的崭新财富蓝图，让它来帮助你们，得到你们想要的好处。它可以帮助大多数人解除人生几种重大痛苦中的一种。

寄件人：黛柏拉·查米托夫
收件人：哈维·艾克
主旨：我在钱这件事上得到了自由！

哈维：

今天，我坐着什么都不必做就可以有十八份收入进账，而且我不需要再工作了。是的，我很富有，不过重要的是我的生命变得富裕、快乐而充足！可是以前不是这样。

以前，金钱一直是我的负担，我把理财的事情交给陌生人打理，所以我不需要自己花心思。上一次股市崩盘，我几乎失去了全部，而我竟然是等到一切都迟了才发现自己快要完蛋。

更严重的是，我失去了自尊。恐惧、羞耻和绝望把我击垮了，我躲开所有的人，一直在惩罚我自己，直到我被拖去参加你的训练课程。

在那个让人脱胎换骨的周末，我重新拿回自主权，决定要自己掌握自己的钱和自己的理财命运。我采用了财富宣言法，原谅了我过去的错误，从心底相信自己值得拥有财富。

现在，我觉得管理自己的钱是很有意思的事！我在钱这件事上得到了自由，也知道我永远都会这样自由，因为我像有钱人一样思考！

谢谢你，哈维。谢谢你。

第三个改变的步骤：特殊事件的影响

你可以和伙伴一起做以下的练习。

坐下来，回想你们关于金钱的记忆——你小时候听到的话、你家庭的习惯模式，以及曾经发生过的重大事件。另外，要知道钱对于你的伙伴的真正意义是什么，是享乐，还是自由？是安全感，还是身份地位？这么做，可以帮助你们找出双方目前的财富蓝图，也能帮助你们发现彼此在这个问题上的冲突。

接着，讨论你们想要一起得到什么——不是你们个人的目标，而是你们两人以伙伴关系想得到什么。一起决定你们俩在金钱和成功方面的共同目标是什么、态度是什么，然后把你们协议遵守的态度与行动写下来，贴在墙上。日后如果发生了问题，就用温和的方式提醒对方，当初你们在客观而理性、不被旧的财富蓝图所困的时候，曾经一起决定的事情。

察觉：你小时候曾经遇到哪些与钱有关的事，在情绪上或情感上产生了重大反应？

理解：这个事件如何影响了你目前的财务生活？把它写下来。

划清界限：你知不知道，这种生活方式只是你后天学习来的，并不是你原本有的？你知道你现在可以选择改变它吗？

> **这是我的宣言：**
>
> 请你把手放在你的心上，说：
> "我要放开我以前那些没有正面意义的金钱经历，
> 我要创造新的富裕的未来。"
> 现在，摸着你的头说：
> "这是有钱人的脑袋！"

你的财富蓝图设定在什么目标？

现在，该来回答这个"价值千万的问题"了。你目前对金钱和成功所描绘的蓝图是什么？它会隐隐带你走向哪种结局？你被自己设定为要赚大钱、赚到普通多的钱，还是彻底失败？你被自己设定成为钱奔忙还是悠然自得？卖命工作赚钱，还是适度工作？

你是习惯了收入稳定还是不稳定？你知道的："一开始有钱，然后没钱，接着又有钱了，后来又没有了。"你说："我本来有一份薪水很不错的工作，不过后来公司死掉了。然后就自己做生意，一开始好得不得了，但是后来市场萎缩。接下来我去开餐厅，可是合伙人跑了……"看起来似乎是外在环境造成了你的大起大落，但你别被骗了，这其实是你自己的工作蓝图。

你把自己设定为拥有高收入、中等收入，还是低收入呢？你知道我们很多人真的有确切的数字设定范围吗？你的设定是每年要赚两万到三万美元，四万到六万美元，还是七万五千到十万美元？甚至是十五万到二十万美元，或二十五万美元以上？

几年前，在我主持的一场讨论会中，听众里有位穿着讲究的绅士，在会后上前问我，这种为期三天的密集训练课程能给他什么帮助，因为他的年收入已经有五十万美元了。我问他这种情况持续多久了，他说："很稳定，到现在大约七年了。"

我听到这句话就够了。我问他，为什么不让自己一年赚两百万美元？我说，这个课程是设计给那些想要完全实现财富潜能的人，以此让他明白为什么他会"卡"在五十万美元的水准。他听了之后决定参加课程。

一年后，他发来电子邮件说："你们的课程实在太棒了，不过我犯了一个错。当时我们讨论到收入的时候，我只把我的财富蓝图重新设定为两百万美元，所以我还要再参加一次课程，把年收入重新设定为一千万美元。"

这里我要说明一点：这个设定的数目不是最主要的重点，最重要的是你有没有完全发挥你的理财潜力。我知道很多人可能会问，谁需要那么多的钱啊？我要说的是，第一，这个问题对于增加财富并没有太正面的帮助，只能反映出你确实需要修正你的财富蓝图；第二，这位先生想要赚大钱的主要原因，是想继续资助一个关怀非洲艾滋病患的慈善机构。那么你还认为有钱人都是"贪婪"的吗？

回到前面的主题。你是被设定成节约还是挥霍？你被设定成善于理财，还是不善理财？你是把自己设定成懂得挑选赚钱的投资标的，还是总挑到赔钱货？你可能会疑惑："我在股市或房地产业的投资究竟是赚是赔，怎么可能跟我的财富蓝图有关？"我的解释很简单。是谁挑了这一只股票或房地产呢？是你自己。是谁决定买下它呢？是你自己。是谁决定卖掉它呢？也是你自己。我想你不能再说自己毫无责任了吧。

我在加利福尼亚州的圣迭戈有个朋友叫拉瑞，他简直是块会吸金的石头。他显然拥有一份让他赚得高收入的财富蓝图，但是，投资是他的致命伤，凡是被他买进的东西一定会跌。（你相信吗？他老爸也有同样的问题。唉！）我和拉瑞经常联络，常向他请教投资方面的问题。可是他给的建议总是那么……那么错误！因此，只要是拉瑞建议的，我就反其道而行之——我太爱他了！

但是，请注意那些拥有我们所谓的金手指的人。只要他们参与的事业就一定会大赚。

不管是投资必败还是拥有金手指，这些都只不过彰显了每个人的财富蓝图。

再说一次，你的财富蓝图会决定你的财务生活，甚至影响你的人生。 如果你是一个把财富蓝图设定为低收入的女性，很可能会吸引来一个也把自己设定为有低收入就好的男性，使你继续待在你的"安全区"，实现你所设定的财富蓝图。

大多数人相信，他们的事业得以成功，最主要的因素是他们的生意手腕和知识，或者至少是抓准了市场时机。但我实在不得不告诉你，这些是幻想，虽然我很不想这么说。也就是说，不可能因为这些而致富！

你的生意能有多成功，完全受到你的财富蓝图的影响。你的内心永远会遵循你的财富蓝图。如果你的财富蓝图把年收入设定为十万美元，那么你的事业就会给你这样的结果，刚刚好够你一年赚十万美元左右。

如果你从事业务工作，而你的财富蓝图把年收入设定为五万美元，然后你谈成一笔九万美元的大生意，我跟你说，这笔交易如果不是后来取消了，就是你真的赚进了这笔钱，但是接下来一年都青黄不接，先前赚的钱刚好够你度日，所以平均下来你的金钱状况仍然维持原先的水准。

如果你的设定是一年赚五万美元，但是一连几年都不如预期，那么别担心，你会把钱赚回来的——你也必须做到，因为那是心灵和金钱的潜意识法则。比方说，你说不定会发生车祸但是没有造成大碍，因而拿到一笔五万美元的保险金！原因很简单：不管怎样，如果你的设定是年收入五万美元，你最后就会拿到这么多钱。

那么，如何知道你的财富蓝图的设定值？最清楚的方式之一，就是去看你的成果。看你的银行存款簿，看你的收入，看你的净值，看你的投资获益，看你的生意利润，看一看你是乱花钱的人还是储蓄的人，看你会不会管理自己的钱，看你为了钱要努力工作到什么程度，看一看你与金钱有关的所有人际关系。

对你来说，赚钱是一件苦差事，还是一件轻而易举的事？你是自己做生意，还是上班领薪水的人？你是长期做同一个工作，还是经常换工作？

你的财富蓝图就像一个温度调节器，如果室内温度是二十七摄氏度，那么很可能调节器就是设定在二十七摄氏度。接下来就是有意思的地方了：有没有可能因为窗户打开，外面的冷空气飘进来，使室内温度降到十三摄氏度？当然可能，但最后的结果是什么？温度调节器会开始运作，把室温调回二十七摄氏度。

有没有可能因为窗户开着，外面飘进来的热空气使室内温度升高到三十三摄氏度？当然可能，但是最后会怎样？调节器会开始运作，把室温重新调回二十七摄氏度。

如果想彻底改变室内温度，唯一的办法是重新设定温度调节器。

同理，想"彻底"改变你的理财成绩，唯一的办法是重新设定你的财务温度调节器，也就是你的财富蓝图。

致富法则：

如果想彻底改变室内温度，唯一的办法是重新设定温度调节器。同理，想"彻底"改变你的理财成绩，唯一的办法是重新设定你的财务温度调节器，也就是你的财富蓝图。

你可以尝试你想做的任何事或任何方法，你可以增强自己的商业知识以及行销、谈判和管理能力，你可以变成房地产或股市的专家，这些都是很有力的"工具"，可是，如果你没有一个强大的内在"工具箱"帮你创造并守住大笔的金钱，那么全世界的所有工具加起来对你也没有帮助。

说起来，这是很简单的数学道理："你的收入只能增长到你想要的标准。"

说起来既是幸运也是不幸，你个人的金钱和成功蓝图可能会跟着你一辈子——除非你认识它并改变它。在本书的第二篇我们会继续探讨。

记住，一切改变的第一个要素就是察觉。观察你自己，你的想法，你的恐惧，你的信念，你的习惯，你的行动，甚至你的不行动。把你自己放在显微镜底下，研究它。

　　大部分人都相信，我们是出于选择而过着自己的生活。事实上，不全是这样。即使我们真的充满智慧，做出的一些选择也可能是反映了我们当下对自己的认知。但大体而言，我们都像机器人，被过去的条件和习惯控制着，自动而机械化地运作。因此，我们必须保持自觉。保持自觉，就是可以时时观看自己的想法和行动，好让你能够做出自己真心想要的抉择，而不是被过去的设定所操控。

　　保持自觉，可以让我们活出今天的自己，而不是活在过去，可以让我们有效掌握情况，完全发挥我们的知识和天赋，而不是始终拙于应对，总是被恐惧和不安全感驱策。

　　致富法则：

　　保持自觉，就是可以时时观看自己的想法和行动，好让你能够做出自己真心想要的抉择，而不是被过去的设定所操控。

　　一旦你有了自觉，就能确实看清楚你的设定：它只是一张清单，写着你过去所接受的、所相信的资讯。那时你年纪还轻，根本不懂得判断。现在你会明白，这种制约不是你本来就有的，而是你后天学来的。你会发现你不是"录音带的内容"，而是"录音机"；你不是杯子里的"内容"，只是"玻璃杯"。总之，你不是软体，而是硬体。

遗传可能有一点关系，而且，灵性因素可能也有影响，但是，今天的你，大部分都是被他人的信念和讯息塑造成的。如同我前面提过的，信念也许没有真假或对错之分，而不管某信念能不能成立，它其实只是一代又一代流传下来的想法罢了。知道了这一点，你就可以自觉地做出选择，放弃一切无助于增加财富的信念或生活方式，换成那些有效的方式。

在训练课程里，我们教了一个观念："没有任何一个想法停留在你的脑子里是不要付出代价的。"你脑中的每一个想法，如果不是投资，就是花费；如果不是为了把你带往幸福和成就，就是会让你远离它们；如果不能增强你的力量，就会削弱你的力量。所以，要明智地选择你的想法和信念。

但你要了解，你的想法和信念并不代表你本人，而它们也不见得只属于你。尽管你认为它们很珍贵，但是它们的重要性和意义取决于你有多愿意相信它们。事物本身没有意义，是你在赋予它们意义。

记得我在本书的开头所给的建议吗？我说的话你一个字都不要相信。所以，好吧，如果你真的想让生命有所改变，就不要轻易相信你自己说的任何一句话。如果你想当下顿悟，就不要轻易相信你的任何一个念头。

如果你像大部分人一样，总是会相信某些事，那么你不妨相信那些能够鼓励和支持你的信念，以及让你发财的信念。你要记住：想法产生感觉，感觉产生行动，行动产生结果。你可以选择像有钱人一样思考和行动，只有这样才能创造出有钱人所创造出来的结果。

问题是："有钱人是如何思考和行动的呢？"往下读，你就会知道。如果你想彻底改变你的理财生活，就请继续往下读！

> ### 这是我的宣言：
>
> 请你把手放在你的心上，说：
> "我仔细观察我的想法，而且只接受那些使我更有力量的想法。"
> 现在，摸着你的头说：
> "这是有钱人的脑袋！"

寄件人：班斯夫妇
收件人：哈维·艾克
主旨：我们觉得好自由！

在参加密集训练课程之前，我们不知道该期待什么。但是上完课之后，我们非常难忘。参加讨论会之前，我们的财务有很多问题，我们总是负债，却不明白为什么，我们常常会在把信用卡账单缴清（通常是利用工作上的一大笔进账）之后，不到半年又欠了一屁股债。这跟我们赚了多少钱根本没有关系。我们非常沮丧，常常争吵。

后来我们来上课，我和先生一边听你讲课，一边轻推对方，不时相视而笑。因为实在有太多的道理让我们觉得"难怪我会这样"，"噢，原来是这样"，"现在一切都找到答案了"。

我们发现，原来在钱这件事上我们两个的想法差很多。他一直很"爱花钱"，而我则是个"逃避者"。这个组合真可怕！了解这个道理之后，我们就不再彼此责怪，而开始互相了解，最后彼此欣赏，而且更爱对方。

一年过去了，我们都没有为钱的事情争吵，而且会讨论我们所学到的东西。现在我们已经没有欠债了，事实上银行里有了存款，这是我们结婚十六年来第一次有存款——现在我们不但有了为未来准备的钱，有足够的钱用作日常开销、玩乐、教育，以及长期存款，还有钱捐献。可以把钱用在这么多地方，而且不需要有罪恶感，这种感觉真的太好了，因为我们对钱做了适当的分配和努力。

我们觉得很自由。非常感谢你，哈维。

第二篇

财富档案

有钱人和穷人不一样的
十七种思考方式和行为

我们在前面提到了"实现程序"：想法产生感觉，感觉产生行动，行动产生结果。一切都从想法开始，而想法是由心灵产生的。心灵可以说是生命的基础，但是大部分人都不了解"心灵"这个强力的装置是如何运作的，这真是奇怪啊！

所以我们先简单看一下心灵的运作方式吧。打个比方，心灵就像一个大档案柜，会把所有接收到的资讯贴上标签，分别放进不同的档案夹，让你方便取用，帮助你解决问题、渡过难关。注意到了吗？我没有说发财，我说的是解决问题。

在许多情况下，你会到心灵的档案夹读取资料，以决定如何因应眼前状况。譬如说，你在考虑要不要把握一个可能可以赚钱的机会，于是你自动在心灵中寻找那些贴了"金钱"标签的档案，再用档案里的资料决定自己该怎么做。你对于钱的所有想法，都储存在你这个金钱档案里，所以你只能想到那么多，因为你心灵中关于"钱"这个类别就只有那么多的资料。

当你做出某个决定，是因为你相信它是合乎逻辑的、明智的，以及对当时的你来说是合适的做法，所以你认为你做出了正确的决定。然而，问题在于你的正确决定很可能并不是一个成功的决定。事实上，你觉得合理的决定，却可能会一再产生悲惨的结果。

举个例子，假设我太太现在在购物中心里——这件事经常发生。她看到一个绿色的皮包正在打七五折，她马上搜查心灵档案："我应该买这个包包吗？"在百万分之一秒内，她的心灵档案送出答案："你一直在找一个这样的包包，好搭配上个星期买的那双绿色高跟鞋，而且它的大小刚好。买下来吧！"她走到结账柜台的时候，不但因为即将拥有这个漂亮的皮包而兴奋，还忍不住因为是以七五折买下来的而沾沾自喜。

对她的心灵而言，花这个钱实在很合理。她想要这个皮包，她认为她需要，而且实在是"太划算了"。但是，她的内心似乎没有想过："没错，这真是个不错的皮包，而且七五折实在很便宜，不过我现在欠了三千美元，所以我最好打消念头，别买它。"

她没有那样的想法，因为她脑子里完全没有这样一个档案夹。这个叫作"当你负债，就别再买"的档案夹从来没有被安装在她的头脑里，不会存在，所以她不会考虑到这个选择。

明白我的意思了吗？如果你的档案夹装的都是些不能帮助你得到金钱成就的资讯，那么你就只能根据它们去做各种决定。这些资讯对你来说是合乎逻辑的，不过到最后仍然会导致困境，最好的情况也不过是使你的财运平平罢了。相反地，如果你的心灵档案中有很多会支持你得到财务成功的资料，那么你就会很自然，而且很自动就做出可以导致成功的决定。你不需要多费神，只需要正常思考就能到达成功。

谈到钱，如果你天生就知道有钱人是怎么思考的，那可真棒。我很希望你会回答"当然啦"那一类的话。

嗯，你可以做到！

前面说过，任何改变的第一步都是"察觉"。也就是说，想要像有钱人一样思考，第一步就要知道他们如何思考。

有钱人的思考方式，非常不同于穷人和小康阶层。有钱人对于金钱、财富、他们自己或别人，以及生活中各个方面的想法，都跟其他人不一样。我们接下来会分析这些不同之处。我们会帮你的心灵换装十七种"财富档案"，它们将是你重新设定思考方式的一部分材料。

有了新的档案，就会带来新的选择；当你意识到自己正在用穷人的方式思考，你就可以自觉地移转思考焦点，转换成有钱人的思考方式。记住，你可以选择那些会鼓励你获得幸福和成就的思考方式，而舍弃那些不能支持你获得幸福的思考方式。

在这里我要先做几点说明。首先，我绝对无意贬低穷人，也不是不同情他们的处境。我不认为有钱人就比穷人好，他们只是比较有钱罢了。为了确保读者们知道我的态度，我会尽可能厘清有钱人和穷人的分别。

致富法则：

你可以选择那些会鼓励你获得幸福和成就的思考方式，而舍弃那些不能支持你获得幸福的思考方式。

其次，当我谈到有钱人、穷人和小康阶层的时候，我指的是他们的思考方式——人与人之间的思考方式和行为方式简直有天壤之别，比他们所拥有的财富和他们对社会的重要性的差距更大。

第三，我所使用的是"概论"。我知道不是所有的有钱人和所有的穷人都像我说的那样。我的目的是要让你掌握每一项法则的精神，并且加以运用。

第四，我不会特别提到介于富与穷之间的小康阶层的状况，因为中产阶级的想法通常混合了富人和穷人的思考方式。此外，我的目标是让读者能认识到自己位于穷富天平的哪一个位置上；如果想要创造更多财富的话，就要像有钱人一样思考。

第五，有几项法则看起来也许像是针对习惯和行为，而非思考方式。但请别忘记，我们的行动来自我们的感觉，感觉来自想法，所以，每一个致富的行动都是来自一种致富的思考方式。

最后，我要求你们不要一直认为自己才是"对的"。也就是说，不要坚持必须照你自己的方式去做事。为什么？因为你过去所用的方式造成了你现在的状况，除非你想重蹈覆辙，否则就不要延续你原来的方式。如果你还没有达到致富的目标，也许现在是时候了。你可以考虑尝试不同的方式，特别是参考像我这样一个非常非常有钱，而且已经帮助几千人走上富裕之路的人所给的建议。事情完全由你自己决定。

你接下来要学到的概念都很简单，但是意义深远。它们确确实实帮助了现实世界中的很多人产生改变。我为什么会知道？因为我所经营的潜能开发公司每年都会收到几千封信，说到这些财富档案是如何改变了他们的人生。如果你也来学习并实践这些财富档案，我非常确信，你的人生一定会全盘改观。

在接下来每一个单元的结尾，你会看到一个需要配合肢体动作的宣言，这项设计是为了把每一条法则逐一"拴"进你的体内。

你还会看到那些可以鼓励支持你实践财富档案的正面行动。尽快把每一个档案都付诸实行，这非常重要，把档案里的知识运用在具体的、有组织的层次，创造出可以持久且永恒的改变。

大部分人都知道，人是习惯的动物。不过大部分人不一定了解，习惯分成两种：习惯了"去做"，以及习惯了"不去做"。一切你现在没有在做的事，都是你习惯了不去做的事。要把不去做的习惯改掉，变成去做的习惯，唯一的方式就是去做它。阅读可以帮助你，但是阅读与实际行动是两码子事。如果你真的渴望成功，那么就用行动来证明你的决心，把这本书上所建议的行动都付诸实践。

财富档案1

> ## 有钱人相信:"我创造我的人生。"
> ## 穷人相信:"人生发生在我身上。"

如果你想要创造财富,就要相信是你自己在掌握人生——特别是在金钱方面——的方向盘。这一点非常重要。如果你不相信这一点,那么你一定是本来就认为你对于自己的生命只有很少的控制权,或者根本毫无控制权,因此你对于自己在金钱方面能否成功也只有很少的控制权或根本就没有控制权——这不是有钱人的态度。

你有没有发现,会花很多钱买彩票的人通常是穷人?他们是真的相信财富会像抽签抽中了他们的名字一样降临到他们身上。开奖的晚上,他们黏在电视机前面,紧张兮兮地看着开出号码,期待财富就要"降临"在他们身上。

当然,谁都想赢得乐透,连有钱人偶尔也会玩一玩。不过,首先,有钱人不会把收入的一半拿来买彩票;第二,买彩票中奖并不是他们创造财富的主要"策略"。

你必须相信，只有你能造成自己的成功，也只有你能造成你的平庸，只有你能造成自己为钱辛苦或是前途茫茫。不管是出于自觉还是不自觉的原因，你的人生状态都是你自己造成的。

可是，穷人不为自己生命中的一切负责，却选择了扮演"受害者"的角色。一个受害者最主要的想法通常是："我好可怜。"所以，根据意念法则，受害者就会得到这个：他们会变得很"可怜"。

注意：我说他们是在"扮演"受害者的角色，我没有说他们"是"受害者。我不相信有人生来就是受害者。我相信人们会扮演受害者的角色是因为他们认为这样做能给他们带来某种好处。

究竟要如何辨认某人是不是在扮演受害者的角色呢？这种人通常有三个明显的特征。在讨论这些特征之前，我要你们知道，我晓得这些特征与正在阅读这本书的你没有任何关系。不过，可能，只是可能，你认识的某个人就是这个样子，而且非常可能你跟那个人还很熟呢！不管是哪一种状况，我都建议你要仔细阅读这三大特征。

受害者特征一：责怪

说到了为什么受害者都不能赚大钱，要先讲他们大部分人都很擅长的"怪罪游戏"。这个游戏的目的是看你能伸出手指责怪多少人和多少事，而完全不用检讨自己。这游戏对受害者来说很好玩，但很不幸，对碰巧出现在他们身边的人们来说则很无趣，因为，受害者身边的人往往最容易成为被责怪的对象。

受害者会责怪经济不景气，怪政府，怪股市，怪他们的股票操作员，怪他们所从事的行业，怪他们的老板、员工，怪总公司，怪他们的上线或下线，怪客户服务，怪船务部门，怪合伙人，怪配偶，怪上帝，而且他们当然绝对会责怪自己的爸妈。反正，错的永远是别人或是别的事情，一定不是他们自己。

受害者特征二：合理化

如果受害者不是在怪东怪西，你常会听见他们在找借口，或者想办法证明他们是合理的，譬如他们会说："钱真的不是很重要。"让我问你这个问题：如果你说你的先生或太太，或是你的男友或女友，或是你的合伙人或朋友并不那么重要，那么他们还会待在你的身边多久？应该不会太久了。钱也是一样！

在我的研习会上，总有参加者会上前来对我说："你知道吗，钱真的不是那么重要。"

我就会看着他们的眼睛说："你没钱了！对吧？"

他们通常会先低头看自己的脚，软弱地说出这类话："嗯，我现在是遇到了一点金钱方面的挑战，不过——"

我会打断他们，说："不，不只是现在而已，你一直都是这样；你一直都处在破产的状态或是接近破产，对不对？"

　　这时，他们通常会点头表示同意，神色难看地回到座位上，准备听我往下讲，因为他们终于发现自己这个信念为他们的人生带来了很糟糕的影响。

　　他们当然会穷到家徒四壁。如果你觉得一辆脚踏车不重要，你会要它吗？当然不会。如果养一只鹦鹉当宠物对你来说并不重要，你会养它吗？当然不会。同样，如果你认为钱不重要，那么你根本就不会有太多钱。

　　光是这个看法就足够让朋友对你刮目相看了。以后你在和朋友谈话时，假如他告诉你"钱不重要"，你就把你的手放在额头上，眼睛往上看，仿佛你正在接受天启，然后大声说："你没钱了！"你的朋友会大为震惊，不过他一定会回答："你怎么知道？"然后你把手掌伸出来，回答说："你还想知道什么事情？请给我五十元！"

　　让我坦白说吧：任何一个说钱不重要的人，都是没有钱的人！有钱人了解金钱的重要性，了解金钱在社会上扮演的角色，但是，穷人会用毫无关联的对比来证明自己的窘境是合理的，他们会说："嗯，钱并没有爱那么重要。"这个比喻真是蠢吧？你要不要问你的手臂和你的腿哪个比较重要？也许它们两个都很重要吧。

　　听好，亲爱的朋友们：钱，在它能发挥效用的地方实在是太重要了；而在它不能发挥作用的地方，它就完全不重要了。爱虽然可以让世界转动，但是它不能盖医院，建教堂，或打造一个家。也不能当饭吃。

致富法则：

钱，在它能发挥效用的地方实在是太重要了；而在它不能发挥作用的地方，它就完全不重要了。

还不相信吗？你试试用爱去付账单就知道了。还是不确定吗？那么，上银行试着存一些爱进你的户头，看一看结果会如何。我看，银行职员会看着你，觉得你是从疯人院出来的，然后大叫："警卫！来处理一下！"

没有任何一个有钱人会相信钱不重要。如果我一直无法说服你，而你无论如何都认为钱不重要，那么我只有一句话可以送你：你不会有钱，而且你永远都会没钱，直到你把那个没有正面意义的档案从你的财富蓝图移开为止。

受害者特征三：抱怨

抱怨，是你对你的健康或财富所做的事里面最糟糕的一件。抱怨是最糟糕的事！为什么？

我真心相信一个全宇宙通行的定律："你所关注的事情会扩大。"当你抱怨的时候，你关注的是你生活中正确的事还是错误的事？显然是错误的事。既然你所关注的事情会扩大，那么你就会继续得到更多错误的事情。很多讲授个人成长课程的讲师都常提到一条吸引力定律："物以类聚。"也就是说，你在抱怨的时候，其实是在吸引更多"烂事"进入你的生活中。

致富法则：

你在抱怨的时候，其实是在吸引更多"烂事"进入你的生活中。

你有没有注意过，爱抱怨的人通常日子都不好过？仿佛天下所有可能出错的事都发生在他们身上了。他们说："我当然会抱怨，你看我过得那么烂！"你已经知道了这个道理，就可以告诉他们："那是因为你一直抱怨你的生活很烂。现在请你闭嘴……离我远一点！"

这就又导向另一个重点了：你一定要非常非常确定不要靠近任何一个爱抱怨的人。如果你避不开，非得与他们相处不可，请记得带一把铁伞，否则原本会朝向他们而去的烂事最后可能会落到你身上！

我一向尽可能远离爱抱怨的人，因为负面的能量是会传染的。但是有很多人很喜欢聚在一起听别人抱怨。为什么？很简单：他们在等着轮到自己抱怨："你那样就叫不好吗？等你听完我的故事你就不会这么觉得了！"

我要留个作业给大家，保证它能改变你的生活。在接下来的七天里，我要求你完全不要抱怨。不但不要说出你的抱怨，而且是连想抱怨的念头都不要有。不过你必须持续整整七天。为什么？因为在头几天里，可能还会有一些从过去而来的"残余烂事"骚扰你。烂事进行的速度不是光速，你知道它的速度是烂事速度，所以需要花一点时间才能清理干净。

我曾经向几千个人提出挑战，请他们做这个"不抱怨"的练习。你不知道有多少人跟我说，这个微不足道的小练习改变了他们的人生。我向你保证，**假如你不再只是想着那些发生在你身上的烂事——并因此停止把它们吸引过来，你将会惊讶于你的人生竟然可以变得这么好。**如果你一直很爱抱怨，就别想要吸引成功。对大部分人而言，能做到面对烂事而保持"中立"，就已经是朝向成功踏出了不起的第一步了！

责怪、合理化和抱怨，就像是药丸，顶多只能纾解一时的压力，减轻失败的焦虑。想想看，如果一个人不是在某方面、某种形态上或某种方式上很失败，他会需要怨天尤人、经常找理由证明自己是合理的，或者一天到晚抱怨吗？当然不用。

从现在开始，每当你听到自己大声责怪别人、找借口或抱怨的时候，请马上停下这些举动。你要提醒自己：是你在创造自己的人生，而且你随时都在吸引成功或是烂事进入你的生命中，所以务必明智选择你的想法和你所说的话！

现在我要告诉你一个全世界最大的秘密。准备好了吗？仔细读这句话：天下没有所谓的"有钱的受害者"这回事！你了解吗？我再说一次：天下没有所谓的"有钱的受害者"这回事！"啊，我的游艇被划了一道。"大概所有人都会说："谁管你啊！"

致富法则：

天下没有所谓的"有钱的受害者"这回事！

但是，当受害者有什么好处吗？当然有，那好处就是：得到别人的注意。被别人注意是很重要的事吗？当然是。从某方面来说，人活着的最重要凭据就是得到了别人的注意。而人们变成为了得到别人的注意而活，实在是个错误。我们大概都曾经错把"注意"解读成"爱"。

相信我，假如你一直渴望被别人注意，你根本不可能真的觉得快乐或成功。因为，如果你只想得到注意，那么你就是活在别人的恩惠底下。你通常会变成经常在讨好别人，乞求别人的赞同。寻求他人注意的人，是麻烦人物，因为他们会做出愚蠢的事情来引起注意。

　　要把注意和爱分开来看，这是非常重要的。有几个原因：第一，你会更成功。第二，你会更快乐。第三，你会在生命中找到"真正的"爱。大致而言，当人们误以为注意和爱是同一回事的时候，他们并不是真正在精神层面上爱着彼此，而是大部分从他们自己的自我出发。因此，这份感情关系事实上是关于这个人，而不是关于另外一个人，也不是为了你们两个人。

　　把注意和爱分开，你会觉得自由，可以爱对方真正的自己，不是爱他们能为你做的事。

　　既然我说了，没有所谓有钱的受害者这回事，那么，想要寻求别人注意的人，假如一直在扮演受害者的角色，也就注定了不可能得到财富的宿命。

　　你也该痛下决心了。你可以当一个受害者，或者变成有钱人，但是你不可能两者都是。听好！每一次——我说的是每一次——当你责怪别人、寻找借口或是开口抱怨的时候，你就是在断送自己致富的机会。我也可以用一个比较善良而温和的比喻，但是我现在对于善良温和没有兴趣，我只想帮助你看清楚，你到底一直在对自己做着什么事！以后等你变成有钱人了，我们再来谈善良温和这回事。

　　你现在就应该找回你的力量，认识到你生命中所拥有的一切和所没有的一切都是你自己一手造成的。你要知道，你的财富是你创造的，

你的贫穷也是你创造的，介于贫穷与富有之间的所有状态，也都是你自己创造的。

这是我的宣言：
请你把手放在你的心上，说： "我创造我自己的理财等级！" 现在，摸着你的头说： "这是有钱人的脑袋！"

像有钱人一样行动

1. 每次你发现自己在责怪别人、找理由或是抱怨的时候，就用你的食指划过你的喉咙，当作扳机，提醒自己你正在断送自己致富的机会。这个动作看起来有点粗鲁，但它不比你责怪别人、寻找借口和抱怨的时候更加粗鲁，而且它最后会发生作用，把这些有害的习惯全部消除。

2. 做一份"简报"。在每一天临睡时，写下一件你今天进行得很顺利的事，以及一件不顺利的事。然后回答这个问题："我是如何创造出这两种情况的？"如果事情牵涉到别人，就问自己："造成这两种情况的原因中，我扮演了什么角色？"这个练习可以让你为自己的生命负责，并且让你发现哪些策略对你有益，哪些却没有。

财富档案 2

> **有钱人玩金钱游戏是为了赢。**
> **穷人玩金钱游戏是为了不要输。**

穷人玩金钱游戏是采取守势而非攻势。让我问你一个问题：如果你玩任何一种运动竞赛或游戏时只守不攻，请问你赢得比赛的概率是多少？我想大部分人都会说，几乎等于零。

可是这就是大部分人玩金钱游戏的方式。他们最在乎的是求生存和保住安全感，而不是创造财富和丰裕。那么，你的目标是什么呢？你真正的企图是什么？

真正的有钱人，他们想追求的是拥有大量的财富和富裕，不是一点点钱，而是很多很多的钱。那么，穷人最大的目标是什么？是拥有足够的钱可以准时付账单……能做到这样已经是奇迹了！让我再提醒一次：意念的力量很惊人。当你的意念是要拥有足够付账单的钱，那么你就会得到那些钱——够你付清各种账单，一美元都不会多。

生活小康的中产阶级至少会再往前一步——可惜，只是很小的一步。他们人生最大的目标就是他们在所有字眼当中最爱的那个词——只要"舒服"就好。虽然我很不愿意这么说，但实话是，过得舒服和过着有钱的生活，真的是天差地别。

我必须承认，我不是从一开始就知道这件事的。但是，我有资格写这本书的原因之一，我相信正是因为我曾经撞上三道举世闻名的篱笆：我曾经穷到必须借硬币加油的地步；那不是我的车；而我凑了四枚硬币。你知道一个成年人必须用四枚硬币付油钱是一种多么难堪的处境吗？加油站打工的那个孩子看着我，好像是把我当成贩卖机抢匪，然后摇头笑着。我不知道你们能不能想象，不过这绝对是我经济上最低潮的日子，而这还只是我的惨痛经历之一。

后来我采取了行动，跃升到舒服的层次。过得舒服是件好事，至少你可以去高级餐厅换换口味。不过，我能点的菜也不过就是鸡肉罢了。我不是说吃鸡不好，如果你喜欢吃鸡那当然很好。但事情通常不是这样。

事实上，只达到了舒服层次的人，通常会把菜单上的价格当作要吃什么的依据。假如你只是过得舒服，你不会把视线往下移到价格较高的那一区，因为那样你会看到中产阶级字典里最禁忌的字眼"时价"，而就算你很好奇，你也绝对不会问那个价格到底是多少。第一，因为你知道自己吃不起；第二，当服务生告诉你那道菜的价格之后，你说"你知道吗，我今天很想吃鸡肉！"，这时你知道他根本不相信你。天哪，你晓得这有多尴尬吗?

我必须站在自己的立场说句话，有钱的最大好处之一，就是再也不需要看菜单上的标价。我吃我想吃的东西，不管它多少钱。在我很穷和处于舒服层次的时候，我不可能那么做。

致富法则：

如果你的目标是过得舒服就好，你就很可能永远也不会有钱。但是如果你的目标是赚大钱，那么你最后很有可能会舒服得不得了。

上述几段的重点是：如果你的目标是过得舒服就好，你就很可能永远也不会有钱。但是如果你的目标是赚大钱，那么你最后很有可能会舒服得不得了。

我们在课程中教了一项法则："如果你瞄准的是星星，那么你至少会射中月亮。"没钱的人连自己家的天花板都不瞄准，居然还怀疑为什么无法成功。

　　这下知道原因了吧。你会得到你真正想要得到的东西。如果你想要有钱，你的目标就必须是变成有钱人，而不是有足够的钱付账单，也不是只够过舒服的生活。有钱的意思就是有钱！

这是我的宣言：

请你把手放在你的心上，说：

"我的目标是至少变成千万富翁！"

现在，摸着你的头说：

"这是有钱人的脑袋！"

像有钱人一样行动

1. 写下两个财务目标，要能显示你确实决定要创造富裕生活，而不是平庸生活或贫穷生活。为以下的目标写下"必胜"两字：

年收入

净值

为这些目标设定一个实际的完成时间，同时，要记得"瞄准星星"。

2. 去一家高级餐厅，点一份"时价"餐，不要问价钱。（如果资金有点不足，也可以两人共享。）

记得，不要点鸡肉！

财富档案3

[**有钱人努力让自己有钱。**
穷人一直想着要变得有钱。]

如果问大部分人想不想变成有钱人，他们会看着你，把你当疯子，然后说："我当然想要有钱啊。"然而事实上大部分的人并不是真的想变得有钱。为什么？因为他们的潜意识里有太多负面的财富档案一直在对他们说：有钱是不对的。

在我们的密集训练课程上，会问大家一个问题："有钱，或是想要变得有钱，这件事有哪些可能的负面因素？"

以下是几种回答，请你看看你符合哪些。

"万一我成功之后又失去一切呢？那我就真的会变成一个失败者。"

"我永远不会知道别人是喜欢我的人还是我的钱。"

"我会变成纳税税率最高的那个等级，我赚的一半的钱都必须缴给政府。"

"这件事太麻烦。"

"我可能会在过程中赔上健康。"

"我的朋友和家人会说：'你以为你是谁啊？'然后批评我。"

"每一个人都想要来分一杯羹。"

"我可能会被抢劫。"

"我的小孩可能会被绑架。"

"责任太大了。我必须管理那么多的钱，还得弄懂投资的事，要想办法节税，保护资产，还要请很昂贵的会计师和律师。啊，真麻烦。"

我前面提过，每一个人都有一个财富档案，存在那个叫作脑袋的柜子里。这个档案里面有我们的个人信念，包括为什么变得有钱是一件好事。但是对很多人来说，这个档案里还含有一些资讯，讲的是变得有钱并不是件好事。也就是说，他们对于财富的认识是混乱的。他们心中有一部分很高兴："有更多钱可以让生活更有乐趣。"但另外一部分在大叫："那是没错，但我就必须得像条狗一样工作！那有什么乐趣呢？"有一部分说："有钱就可以环游世界。"另一部分又会插嘴："对，但是全世界所有人都会想要来分一杯羹。"这些认识看起来都没有问题，可是这些观念却导致大部分人没办法变得有钱。

你可以这样看。我们所处的这个宇宙——这是"较高力量"的另一个说法——就像一个大型的邮购公司，不断把人、事、物带到你的身边。你根据你的信念把你的能量讯息传送出去，然后得到你所"订购"的东西。根据吸引力定律，宇宙会尽可能答应你，支持你。但是如果你的档案里讯息很混乱，宇宙就不会了解你到底想要什么。

宇宙听到你说你想变得有钱，它便开始把发财的机会送给你；但是一会儿又听到你说"有钱人都贪得无厌"，于是它转而支持你不想变得有钱的想法。但是你转念又想"有很多钱会让生活变得有趣"，可怜的宇宙惊慌失措了，但是它又把赚钱的机会送给你。隔天你又情绪低落了，想着："钱并没有那么重要。"感到很挫败的宇宙终于大叫："你到底可不可以做个决定？！我会把你想要的都给你，但请你告诉我，你到底想要什么？！"

大部分人没办法得到他们想要的东西，最大的原因是他们不知道自己想要什么。有钱人就完全清楚，他们想要的是财富，他们的雄心不会随便动摇，所以全心全意投入创造财富的活动。只要是合法的、合乎道德伦理的，他们就会不顾一切取得财富。有钱人不会把混乱的讯息传送进宇宙中。但是穷人会。

（附带一提，当你读到前面这一段，如果脑中出现一个小小的声音说"有钱人才不管合不合法，合不合乎道德伦理呢"，那么你没有读错书！往下阅读，你就会发现自己这种想法的杀伤力有多大。）

为什么想变得有钱和成为有钱人会是麻烦事？对此，穷人有很多很好的说法，因此他们不能百分之百确定他们真的想要变得富有。他们传达到宇宙的讯息是混乱的，传达给别人的讯息也是混乱的。为什么会这样？因为他们给自己的讯息也是混乱的。

你永远会得到你潜意识里想要的东西，而不是你嘴上说想要的东西。对此你可能会郑重否认，回答我："你疯了！我怎么可能会想要这样子挣扎？"这也是我想问你的问题："我不知道。为什么你要这样挣扎呢？"

如果你想找到原因，我邀请你参加我们的密集训练课程，在课上你会看清楚自己的财富蓝图，而答案会清清楚楚地呈现在你面前。直接一点说，如果你并没有达到你嘴巴上所说的很渴望达到的财富成就，那么很有可能是因为，第一，你潜意识里并不真的想变得有钱；或者第二，你并不想付出应有的代价去创造财富。

事实上，所谓"想要"有三种层次。第一种层次是："我想要变得富有。"换句话说，这句话的意思是"如果钱掉到我的头上我会接受"。只是想要，并不会起作用。你有没有注意过，想要并不必然导向"拥有"？光是想要却没有得到，会导致更多的欲求。你会习惯性就想要，而这只会造成你继续想要，让你陷入死胡同。财富不会仅仅因为你想要就达成。全世界几十亿人都想变成有钱人，但是真正成功的人是凤毛麟角。

第二种层次是："我选择要变得富有。"这是说你决定要变成有钱人。"选择"具有很强的能量，它与负担起责任、为自己创造自己的现实，是一体两面的关系。"决定"一词来自拉丁文"decidere"，意思是"去除其他选择"。但这还不是最好的层次。

第三种层次是："我致力于变得富有。""致力"的意思是"毫无保留地贡献自己"，意思是完全付出，献上你的一切，以达到富有的状态。它的意思是愿意做任何该做的事，付出所有该付出的时间。这是战士的方式。没有借口，没有如果，没有但是，也没有或许，当然更不许失败。战士的方式很简单："我会变得富有，而且我会尝试到死为止。"

"我致力于变得富有。"试着对自己这么说一次。结果如何？有些人会感觉自己的力量变强了，但有些人会觉得有点害怕。

大部分人永远不可能全心全意致力于让自己变得富有。你问他们："你愿不愿意用自己的性命打赌，十年后你会变成有钱人？"大部分人会说："不愿意！"正是因为他们不想全心致力于变成有钱人，所以他们不会有钱，而且可能一辈子都不会。

有人会说："你在讲什么啊？我像条狗一样工作，我真的很努力。我当然是在致力于变得有钱啊。"我会回答："你在做的事其实意义不大。'致力'的意思是毫无保留地贡献自己。"关键词是毫无保留。也就是说，你要把一切、一切，都投进去。我认识很多在钱这件事上不成功的人，大部分都画出了限度，限制自己可以付出多少、冒险到什么程度、牺牲到什么地步。他们以为他们愿意付出该付出的一切代价，但是深入探究之后我总会发现，他们对于哪些愿意做哪些不愿做，其实有重重限制！

我要告诉你一件不会让人觉得愉快的事：致富这件事不像去公园散步那么容易。如果有人告诉你它很简单，那么他若不是比我知道更多关于致富的道理，就是他说话不实在。根据我的经验，想变成有钱人，需要专注、勇气、知识、专业、百分之百的努力、永不放弃的态度，以及当然要具备的，一颗有钱人的脑袋。你要在内心深处相信自己有能力创造财富，而且完全值得拥有财富。这意思是说，如果你不是全心全意、真心真意想创造财富，那么你很可能创造不出多少财富。

致富法则：

如果你不是全心全意、真心真意想创造财富，那么你很可能创造不出多少财富。

你愿意一天工作十六个小时吗？有钱人愿意。你愿意一周工作七天，周末不休息吗？有钱人愿意。你愿意牺牲跟家人朋友聚会的时间，放弃你的休闲和嗜好吗？有钱人愿意。你愿意在无法保证回收的情况下投入你全部的时间、精力和资本吗？有钱人愿意。

有这么一段时间——我们希望这段时间很短，但它通常很长——有钱人会准备充分并且愿意做上面提到的这些事。你，愿意吗？

也许你很幸运，不需要工作太久或太辛苦，不需要牺牲任何东西。你可以祈祷事情这样发生，但我不认为那能成真。再说一次，有钱人会尽力付出一切去行动。

然而，有趣的是，**一旦你真的全心全意付出，宇宙就会来帮助你。**我很喜欢探险家W. H. 莫瑞（W. H. Murry）所说的一段话，他在攀登喜马拉雅山的途中写下：

人在全心投入之前，都会犹豫，想着退出，也就一直做不出什么成绩来。关于所有自发的（以及创造性的）行动，都有一个最基本的真理，忽略了这个真理，则会扼杀无数的点子和伟大的计划。

从一个人真正把自己投入的那一刻开始，上帝的旨意也会跟着动作。从那个决定开始，一连串的事件启动了，各种不同且无法预见的事件、人际遇合、物质援助接踵而来，以他未曾梦想过的方式汇聚起来，一同协助他。

换句话说，宇宙会帮助你，引导你，支持你，甚至会为你创造奇迹。但是，首先，你自己必须先投入！

这是我的宣言：
请你把手放在你的心上，说： "我致力于变得富有。" 现在，摸着你的头说： "这是有钱人的脑袋！"

像有钱人一样行动

1. 写下一段话，说明你为什么认为创造财富对于你是一件重要的
事。请写具体的细节。

2. 与一个支持你的朋友或家人见面，告诉他，你要唤起心中那股
愿意做出承诺的力量，让这股力量帮助你创造成功。把手放在你的心
上，看着对方的眼睛，说出以下宣言：

"我＿＿＿＿＿＿（名字），在此宣示，我要成为大富翁，预计
于＿＿＿＿＿＿（日期）以前达成。"

然后，要你的伙伴对你说："我相信你。"

然后你说："谢谢你。"

对比你在许下承诺之前和做出承诺之后的心情，如果你觉得自由，
那么你就上路了，如果你觉得有一点恐惧，那么你也上路了。如果你

连这个也懒得做，那么你还处在"不愿意付出所需付出的一切"的状态，或是"我不需要做这种怪事"的状态里。不管你是哪一种状态，我都要提醒你：就是你那种方式把你自己带到今天这个处境的。

财富档案4

[有钱人想得很大。
穷人想得很小。]

我们以前有一个课程讲师，他的财产净值在短短三年内从二十五万美元跃升到六亿美元。有人问起他的成功秘诀，他说："从我开始把想法变大的那一刻起，一切都改变了。"

我要向你介绍一条收入定律："你的收入，与市场认为的你所产出的价值成正比。"

致富法则：

你的收入，与市场认为的你所产出的价值成正比。

关键词是"价值"。市场是以四个因素判定你的价值：供给、需求、品质、数量。根据我的经验，对大多数人而言，这四个因素里面

挑战最大的是数量。这个数量因素很简单，它问的就是：你实际上把多少的自身价值带进了市场中？

换一个表达方式：你实际上服务了多少人，或是影响了多少人？

举个例子。在我这一行，有些讲师喜欢一次教二十个人左右的小团体，有些人则喜欢一整个教室有一百个左右的听众，有些人喜欢教五百人左右，还有人喜欢一千到五千个听众，甚至更多。这些讲师的薪水有没有不同呢？你最好相信，有的！

想一想直销与连锁经营吧，只有十个下线的人，他的收入与有一万个下线的人会不会不一样？我想会吧！

我在书的开头谈到我开过连锁体育用品店。我当初考虑进入那个行业，就打算要开一百家分店，而且影响成千上万的人。但是，比我晚六个月开始的竞争者，只想要开一家店，到最后呢，她赚到了还不错的生活，而我变成了有钱人！

你想要如何过你的人生，想要怎么玩这个游戏？你是想在大团队还是小团队里头玩，进入大联盟还是小联盟？你要玩大的还是只想小试一下？

大部分人会选择小玩一下。为什么？第一，因为害怕所以只想小玩。他们怕失败怕得要死，甚至他们更害怕成功。第二，因为他们觉得自己很渺小，没有价值。他们不觉得自己够好或够重要，足以为别人的生活带来真正的影响。

但是你听着：人生不只是关于你自己怎么过活而已，还与对别人的付出有关，也与完成你的使命有关，与你为什么会在此时存在于地球上有关。人生，是把自己这一块小拼图加入世界的版图。大部分人都太执着于自我，认为一切都是绕着自己旋转，时时刻刻想的都是我、我、我。然而，如果你想活出"富裕"一词的真正含义，它就不会只跟你自己有关，而必须为别人的生活增加价值。

现代最伟大的发明家和哲学家之一，巴克明斯特·富勒（Buckminster Fuller）曾说："生活的目的，是为我们这个时代及后代增添价值。"

每一个人带着不同的禀赋来到世间，生下来就会做某些事。上天让我们拥有天赋，只有一个理由：就是要我们去使用天赋，并且与别人分享。研究显示，最快乐的人是完全发挥天赋的人。你的人生使命之一就是尽可能与更多人分享你的天赋和价值。这个意思就是，你要愿意玩大的。

你知道所谓"企业家"的定义吗？我们在课程里，把企业家定义成"一个帮助别人解决问题，同时可以赚大钱的人"。没错，企业家不过就是"解决问题的人"。

那么我要问你了，你是愿意为多一点人解决问题，还是少一点人？如果你的答案是多一点，那么你就需要开始想得更大，而且决定帮助很多很多的人，几千人几万人，甚至更多。这样做的"副产品"就是，你帮助的人越多，你在心理上、情感上、精神上就会越富足，当然铁定在金钱上也会。

千万要知道，世上的每一个人都有一个使命。你现在活着，是有原因的。理查·巴哈（Richard Bach）在他的书《天地一沙鸥》（*Jonathan Livingston Seagull*）当中问道："我要如何知道我已经完成了自己的使命？"答案是："如果你还在呼吸，你就还没有完成。"

可是，我看过太多人没有在做自己分内的事，或者没有尽到梵文里讲的"法"（dharma）。我看过太多人玩得太小，太多人被充满恐惧的自我给控制着。这使得太多人没有彻底发挥自己的潜能，好好过人生，努力对别人做出贡献。

总归一句：就是你了。

人来到世间都有自己的独特目的。假如你是房地产投资者，你买地产来出租，赚现金和增值之财，那么你的使命是什么？你可以如何助人？很可能，你可以帮助很多家庭找到他们靠自己可能没办法找到的适合他们财力的房子，你因此可以帮助你的社区增值。问题是，你可以帮助多少家庭，多少人？你愿意不止帮助一个人而是十个人，帮助二十个人而非十个人，帮助一百个人而非二十个人吗？这，就是我说的"玩大的"。

玛丽安·威廉姆森（Marianne Williamson）在她的《发现真爱》（*A Return to Love*）这本书里这么写道：

> 你是上帝的孩子。你的小心翼翼帮不了这个世界。缩小自己，

好让周围的人在你身边不会感到不自在，这样做并没有意义。我们都必须闪亮，像孩童那样发亮。我们生下来就是为了彰显我们内在的上帝的荣光；它不是只存在于一些人里面，它就在每一个人里面。当我们让自己的光芒闪闪发亮，我们也就在不知不觉中允许了别人散发光芒。一旦我们从自我的恐惧中解放出来，那么自然而然地，我们的存在就会让别人得到解放。

这个世界不需要更多只能玩小意思的人。时间到了，不要再躲着，要跨出去。不要再只是想着你"需要"，而是要开始领导。该开始分享你的天赋了，别再藏着自己的天赋或假装它不存在。

是时候了，你应该开始用"大"的方式玩人生这场游戏。

小小的想法和小小的行动只会导致贫穷和缺乏成就感。想大的，做大的，你将会拥有金钱和生命意义。

这是我的宣言：

请你把手放在你的心上，说：

"我想玩大的！我选择去帮助成千上万的人！"

现在，摸着你的头说：

"这是有钱人的脑袋！"

寄件人：吉姆·洛斯马力
收件人：哈维·艾克

哈维：

如果以前有人告诉我，说我的收入会加倍，而我休息的时间也会加倍，我会说那根本是不可能的事。不过，这事真的发生了。

一年里，我们的营业额增长了百分之一百七十五，而我总共休了七个星期的假（其中很多天我是来上潜能训练课程）！这真的太惊人了，这之前的五年，我们的成长都很微不足道，一年里要挤出两星期的假期也很不容易。

认识了哈维·艾克并加入潜能训练课程之后，我更了解我自己了，也更懂得欣赏生命中更大的富足和丰裕。我与太太和小孩的关系也有了大幅改善。我现在可以看到以前没有想象过的机会，我觉得我真的走对了路，正朝向全方位的成功前进。

像有钱人一样行动

1. 你相信自己具备哪些"天赋"？把它们写下来。我指的是你很自然就做得很好的事。然后，也写下你认为你可以如何运用这些天赋、用在哪些方面，尤其是如何在你的工作上运用它们。

2. 你可以如何帮助比你现有工作或事业所影响到的人再多出十倍的人数？如何帮他们解决问题？把它写下来，或者找一组人脑力激荡，至少想出三种不同的策略。想想"杠杆原理"。

财富档案5

> ## 有钱人专注于机会。
> ## 穷人专注于障碍。

有钱人看见机会，穷人则看见障碍。有钱人看到成长的潜力，穷人看到赔钱的潜力。有钱人专注于可以得到多少报酬，穷人专注于要承担的风险有多高。

说到底这都回到一个古老的问题："杯子是半满的还是半空的？"这里谈的不是正面思考，而是你习惯性看待世界的角度。穷人基于恐惧而做出选择，他们的心灵永远在搜寻每种情况下出错或可能出错的地方。他们最主要的想法是："如果不成功怎么办？"而更常出现的是"这样做行不通"。

小康人士的心态稍微乐观一些，他们的想法是"我当然希望这行得通"。

至于有钱人，他们为自己生活中的结果负责，而他们的行动是基于这个想法："行得通，因为我会让它行得通。"

有钱人期待成功。他们对自己的能力和创意有信心，他们相信万一不小心撞了墙，他们可以找到其他方式来达到成功。

一般来说，收回的报酬越大，风险也就越高。因为有钱人一直看见机会，所以他们愿意冒险。有钱人相信，如果事情变糟了，他们永远可以把钱再赚回来。

但是穷人呢，他们期待失败。他们对于自己和自己的能力都没有信心。穷人相信，如果事情行不通，就像世界末日来临。而正因为他们总是看见阻碍，所以他们通常都不愿意冒险。可是，不入虎穴，焉得虎子？

补充一点，愿意冒险并不代表愿意损失。有钱人冒的是经过计划的风险，他们会做研究，付出必要的努力，再根据具体的资讯和事实做出决定。有钱人会花一辈子做计划吗？不会。他们会在短时间内尽可能地努力，然后根据周详的考虑再决定是否继续投入。

穷人也说自己在为机会做准备，但是通常只是在虚耗光阴。他们非常害怕，磨磨蹭蹭好久，几星期、几个月，甚至好几年，最后机会往往就这样流失了。然后他们又会解释自己的做法其实是合理的："我差一点就准备妥当。"只不过，在他们"准备"的同时，有钱人已经进场又出场，在别的地方赚了一大笔啦。

我接下来要说的话听起来可能有点奇怪，因为我是非常注重自我责任的人。我相信很多人所讲的"运气"有一部分跟发财有关，或者说，与在任何方面的成功都有关。

足球场上，还剩不到一分钟就要结束比赛了，敌队球员在你们的一码线内摔倒，结果使得你们的球队赢得比赛。在高尔夫球场上，一记失误，球打到界外区的树上又弹回果岭，离洞口只有三寸。

有个家伙拿了些钱买下郊区的一块地，十年后，某企业集团决定在这块地上兴建购物中心或办公大楼。这种例子你在商场上不知道听过多少。这个投资人赚翻了。所以，这是他的策略奏效，或者只是运气好？我想，两者都有一点吧。

不过，这里的重点是，包括运气在内的任何有价值的事物，都是在你采取了某些行动的时候才会朝你走来。所以，为了在钱财方面得到成功，你必须做点事，买点东西。当你开始做了，那个在用它神奇的方式帮助你，让你有勇气和承诺放手去做的力量，不管它是该叫作运气，还是宇宙，还是更高力量，反正它会发生作用！

另外一个相关的重要原则是，有钱人会专注于他们想要的东西上，而穷人专注于他们不要的东西上。再提一次，**"你所专注的事物会扩大"**，有钱人既然在一切事上都专注于机会，对他们来说当然处处是机会。他们最大的问题是要处理好多他们看见了的超棒赚钱机会。至于穷人，则看到什么事都先专注于障碍，所以就处处是障碍，而他们最大的麻烦是要处理他们看到的好多超大的障碍。

　　这个道理很简单。你所专注的区域就决定了你会在生活中发现什么。专注于机会，你就会找到机会。专注于障碍，你也会找到障碍。我不是说你不需要解决问题，你当然要在问题出现的时候就解决，可是你也要看着你的目标，继续前进。把时间和精力用来创造你想要的事物。当障碍出现了，就把它处理掉，然后很快重新聚焦在你的目标上。人生不是用来解决难题的，不必把所有时间都用来救火，这样做的人，是在倒退过日子！你要把时间和能量放在想法和行动上，稳定向前，朝着目标迈进。

　　你想不想听一些简单却非常珍贵的建议？**我告诉你：如果你想变得有钱，就专注于赚钱、存钱和投资。你可以读一千本关于成功的书，参加一百种关于成功的课程，但是一切精华就在那一句话中。记住，你所专注的事物会扩大。**

　　有钱人也了解，你不可能事先就得知所有的事情。在我们另一门课程"启蒙战士训练"里，我们训练大家如何撷取自己的内在力量，追求成功。这门课所教导的原则是："预备，开火，瞄准！"这是什么意思呢？这是说，你要在尽可能短的时间里就准备妥当，然后行动，然后再沿途修正。

　　疯子才会认为可以预知未来即将发生的事。神经病才会相信可以为将来可能发生的每一个状况都做好万全准备，并且保护好自己。你知道宇宙中没有直线吗？生命不会笔直往前进，它像一条蜿蜒的河，通常你只看得到下一个河湾，唯有当你抵达了下一个转弯处，才能看见更多的景象。

这个概念就是，从你现在所在的位置开始，用你现有的一切，加入游戏下场玩吧。我称呼这个阶段为"踏上走廊"。几年前，我计划在佛罗里达州的罗德岱堡开一家二十四小时营业的糕点咖啡店，我研究过几个地点和市场状况，找到了我需要的设备。我也研究了应该选用哪些蛋糕、派饼、冰激凌和咖啡。我遇到的第一个大麻烦是，我胖了，胖得像头猪！像这样把研究物吞下肚可不是好事，于是我问自己："想深入研究这一行，最好的办法是什么？"然后我听到我心里那个叫作哈维的家伙开口说话，他显然比我聪明多了，他说："如果你真的想了解一个行业，去做就是了。你不必在第一天就万事俱备，要想踏上走廊，就先在这一行里找个工作。从在餐厅扫地、洗碗开始做，学到的会比你在外面研究十年还要多。"（我说过，他比我聪明多了。）

所以我就这么做了。我在"巴特勒妈妈烘焙屋"找到一份工作；我实在很想跟你说他们马上就看出我天赋异禀，让我当总裁，但是，唉，不知道为什么他们没看出来，也一点都不在乎我的领导能力，所以我只能跟你说我是从打杂做起，做的是扫地、洗碗这些事。

你可能会认为，做这样的工作必须吞掉自尊，但我从来不那样想。

我为自己设定的任务是认识糕点这一行，所以很感激有这机会花别人的钱来学习，还能赚些零用钱。

在巴特勒妈妈烘焙屋打杂期间，我想办法找经理聊有关营收和获利的事，检查箱子上面印的供应商名称，还在清晨四点起床帮烘焙师傅的忙，认识机器设备与材料，了解可能出现的问题。

一个星期过去，我以为我已经对工作很在行，因为经理找我坐下来谈，给我吃派饼（可恶！），然后把我晋升为……（请来点掌声）收银员！我用力想了很久，大概有十亿分之一秒，我回答："谢谢你，但是，谢了，我不要。"

困在一台收银机后面，我根本学不到什么。我已经把来这边想学的东西都学到了，任务完成！

这就是我所说的"走廊"，它的意思是，进入你将来想进入的领域，不管从什么角色开始，总之先跨出第一步。这是你了解某个行业的最好方式，因为你能站在里面看到一切。其次，你可以建立人脉，这是你站在圈子外面绝对做不到的。第三，一旦你踏入了走廊，很多机会之门就会朝你打开。也就是说，一旦你看到了真正在进行的事，你就可能会发现一个适合自己的切入点，这是你先前看不到的。第四，你可能会发现你并不真的喜欢这个行业，感谢老天，你还没有投入太多，还来得及抽身！

所以，以上哪些事真的发生在我身上呢？我离开那家店的时候，再也不想闻到或听到与派饼有关的东西。第二，烘焙师傅在我离开的隔天也走了，他打电话给我，说他刚刚发现一种热门的新式运动器材，叫作重力引导倒转靴（在电影《美国舞男》（*American Gigolo*）里，男主角李察·吉尔穿着这个东西倒挂），他问我有没有兴趣看一看。我去看了，觉得这个东西——不是他这个人——太劲爆了，所以我就自己投进去了。

我开始到运动用品店和百货公司贩卖这些靴子，然后发现这些体育用品店都一样，卖的运动设备蛮差的。我脑子里铃声大作："机会来了！"世事难料，这是我第一次贩卖运动器材，最后却带领我成为北美头几个开设健身器材经销连锁店的人之一，也让我赚进了人生的第一个一百万美元。想想，这一切都要追溯到我在巴特勒妈妈烘焙屋打杂的那次工作经历！道理很简单：**踏上走廊。你永远不知道什么门会向你打开。**

我有一个座右铭："**行动永远比不行动好。**"有钱人会马上开始行动，他们相信，只要让他们下场玩，就可以在当下做出明智的决定，然后再做修正，沿途调整做法。

穷人不相信自己，不相信自己的能力，所以他们认为必须事先掌握一切的讯息，但那根本是不可能的。而他们也不懂得蹲下！最后，有钱人用"预备，开火，瞄准"的积极态度采取行动，而且通常能够胜利。

到最后，穷人因为一直对自己说"等我把所有可能的问题都找出来，都知道该怎么做之后，我就会采取行动"，于是永远不采取行动，所以永远都是输家。

有钱人一看见机会就扑上去，所以越来越有钱。至于穷人，他们还在"准备"呢!

这是我的宣言:

请你把手放在你的心上，说:

"我专注于机会而非障碍。"

"我预备，我开枪，我瞄准!"

现在，摸着你的头说:

"这是有钱人的脑袋!"

像有钱人一样行动

1. 加入游戏。设想一个你一直想进行的情况或计划，然后把你一直以来在等待的不管什么东西全部抛开。现在就开始，从你所在的位置开始，用你手上现有的一切开始。如果可能，就一边为某个人工作，或与某个人一起工作，一边想办法学习基本技术。如果你已经学会了那些技术，那么你就没有借口了，马上去做！

2. 练习乐观。在今天一整天，不管谁提了什么问题或障碍，都把它改造成一个机会。你会把那些习惯于负面思考的人逼疯，不过，管他呢，反正他们一直在把自己逼疯！

3. 把焦点放在你已经拥有的事物上，而不是想着你所没有的事物。列一张清单，写下十件你在生命中感激的事物，然后把这十件事物念出声来。接下来的一个月，每天早上都把它念一遍。如果你不感激你现在所拥有的事物，你将不会得到更多，也不会需要更多。

财富档案6

[**有钱人欣赏其他的有钱人和成功人士。**
穷人讨厌有钱人和成功人士。]

穷人通常会用憎恶、嫉妒却又羡慕的态度看待别人的成功。他们会嘀咕："他们真是走运！"或是低声骂："这些有钱的浑蛋。"

你必须知道，如果你用这样负面的眼光把有钱人看成坏人，而你想当一个好人，那么你永远也不可能有钱。不可能。你怎么可能变成你瞧不起的那种人呢？

说来真的很有意思，那么多穷人讨厌有钱人，甚至是痛恶有钱人，仿佛认为是有钱人使他们变得这么穷。"没错，都是有钱人把所有的钱都赚走了，所以我一点也拿不到。"这完完全全是受害者的语言。

我要说一个我自己的真实经历，与这个法则有关。我可不是要抱怨。很久以前，我开的是一辆破车，在路上换车道从来不成问题，人人都会让我；但是等到我有钱了，换了一辆超可爱的全新黑色捷豹跑车以后，我没办法不注意到事情的转变。突然，开始有人在我前面插队，有时候还无缘无故对我竖起中指，甚至还曾经被人丢东西——这一切都只因为，我开的是捷豹跑车。

有一天，我开车经过圣迭戈市的一个低收入区。圣诞节快到了，我准备送火鸡到一个慈善机构去。我把车子的顶篷天窗打开，同时注意到四个看起来脏脏的家伙蹲在我后面那辆小货车的后边。突然，他们开始跟我的车打起篮球，把啤酒罐瞄准我的天窗丢过来，造成了五个凹洞和几道深深的刮痕之后，从我身边呼啸而过，大叫着："有钱的王八蛋！"

我以为这只是突发事件，直到两个礼拜后，在另一个低收入区，我把车停在路边十分钟不到，再回去时发现车身被钥匙刮出了痕迹。

后来我又要到那个地区，我租了一辆福特的车，很神奇，我什么问题都没有碰到。我不是在暗示比较穷的社区的人是不好的人，但是就我的经验来说，那些地区似乎就是有许多人憎恨有钱人。谁知道呢，也许这是某种鸡生蛋蛋生鸡的问题：是因为他们很穷所以厌恶有钱人，还是因为他们厌恶有钱人所以才这么穷？我会说，没差别，反正他们就那么穷！

在嘴上说"别讨厌有钱人"是很容易的事，但这要看你的心态如何，因为任何人都可能掉进陷阱里，在心里讨厌有钱人，连我也不例外。有一次我在旅馆房间吃饭，再过一个小时我就要上台讲课。我打开电视看运动比赛的成绩，转到了欧普拉（Oprah Winfrey）的节目。我不太爱看电视，但我喜欢欧普拉，这位女士用正面的方式所影响到的人比谁都多，所以她值得拥有那样的身价，甚至再多拿一些都值得！

她正在访问黑人女星荷莉·贝瑞（Halle Berry），谈到了荷莉·贝瑞如何拿到有史以来最高的女演员合约片酬：两千万美元。荷莉说她并不在乎钱，她努力争取这个天价的片酬，是要为她后面的其他女演员开路。我在心中很怀疑地说："这是什么话！你以为我们这些观众都是白痴吗？你应该把那个大饼分一大块给你的公关公司和经纪公司。你那些话真是最好听的宣传辞令了。"

我感觉到自己心中这个负面想法逐渐扩大，扩大，就在它快要掌控我的时候，我及时收住，大声在心里面喊："取消，取消，谢谢你跟我说这些。"然后把那个讨厌的声音抹掉。

我不敢相信，我，千万大富翁，竟然因为荷莉·贝瑞赚那么多钱而厌恶她。我很快把想法调整回来，用尽最大的力气大叫："干得好，女孩！你太帅了！你太便宜他们了，你应该要三千万的！你太赞了，那是你应得的。"讲完以后，我觉得好过多了。

不管她要那么多钱的原因是什么，问题都不在她，而在我。我对这件事的意见根本不会对她的幸福或财富造成任何影响，但是会影响到我的幸福和快乐。另外你也要记住，想法和意见进入你的脑子里，没有好坏或对错的分别，但是等它们进入你的生活之后，确实可以增强或者削弱你的快乐和成功。

就在我感受到负面能量穿过我的瞬间，我的"观察"警铃响了。这是因为我训练自己，每当有负面想法进入脑中，就要马上把它变成中性的能量。有钱人不需要是完美的人，但是当你出现了对自己或他人都没有好处的想法时，你一定要能察觉，然后很快就转到比较正面的想法上——随着你往下读这本书，这个转念的过程就会出现得更快而且更容易。而如果你参加了我们的密集训练课程，你就会获得戏剧性的进展。我知道我不断在提我的课程，但是请你了解，要不是因为我看到了它对于别人的人生所产生的可观影响，我不会这样热心宣传它。

我的好友韩森（Mark Victor Hansen）和艾伦（Robert Allen），在他们杰出的作品《一分钟亿万富翁》（*One Minute Millionaire*）中，引用了康韦尔（Russell H.Conwell）在一百年前所写的《钻石宝地》（*Acres of Diamonds*）一书中一个寓意深远的故事：

我说你一定要发财，而且这是你的责任。好多虔诚的弟兄告诉我："你，一个基督教牧师，会花时间走遍各地，建议年轻人发财赚大钱吗？"是啊，我当然是这么做的。

他们说："那样很不好吧！你为什么不传福音，反而要教人赚钱？"因为用诚实的方式赚钱就是在传福音。所以我要教人家赚钱。赚大钱的那个人，可能是他家附近最诚实的人。

"噢，"不过今晚有个年轻人说，"我从小就听说，人如果有钱，一定会不老实、不正直、坏心眼而且非常卑劣。"我的朋友，难怪你会没有钱哪，因为你对人抱持那样的想法。你的信念出于完全错误的基础。让我说清楚一点……在美国，一百个有钱人（其中包括女性）当中，有九十八个人都是诚实的，而这说明了为什么他们能够有钱，为什么别人要把钱交托到他们手上，为什么他们能经营大事业，并且找到很多人替他们工作。

另一个年轻人说："我有时会听说，有人会用不诚实的方法赚进几千万。"当然你会听说这样的事，我也听过。但是这种事情非常罕见，所以报纸才会终日报道，把它当作大新闻，而你最后就以为所有的有钱人都是用不诚实的方法赚到钱的。

我的朋友，你……开车载我……去费城郊区，为我引见了在费城市郊拥有自己房子的人。他们的漂亮房子有花园，花园里繁花盛开，富丽宏伟，自成一格；我则会让你认识本城里最有品格，事业也最成功的人。……那些拥有自己房子的人，因为有了房子而成为更值得尊重、诚实、纯真、率直，也更节俭而细心的人。

我们在讲道时教人不要贪婪……所用的词是……"肮脏的财富"，如此极端的说法使得基督徒以为……任何拥有财富的人都是邪恶的。**金钱乃是力量，而你必须有合理的野心才能拥有它！** 你必须这样，因为有了钱能做到的好事远比没有钱能做的好事多太多了。你的《圣经》是花钱印的，教堂是花钱盖的，有钱才能派牧师到教区来，付他们薪水……所以我说你一定要有钱。如果你能用诚实的方式取得财富……这是神赋予你的职责。很多虔诚的人有一个大错特错的态度，以为人非要很穷很穷才能成为虔诚的基督徒。

康韦尔的文章点出了几个很棒的重点。首先是"赢得信任的能力"。关于致富的所有重要特质中，能得到别人的信任应该是最重要的一项。想想看，如果你对一个人没有起码的信任，你会跟他做生意吗？不可能！这也就是说，假如你想赚钱，你很可能需要得到很多很多很多人的信任，而且，为了要让那么多人愿意信任你，你很可能必须是一个相当值得信赖的人。

一个人想要有钱，而且想维持有钱的状态，他还需要什么其他特质呢？当然，任何的规则一定会有例外，但是大致上，若你想在任何事情上成功，那么你必须变成谁呢？以下这些描述说的是不是你的特质呢？你是：积极正面的，可信赖的，专注的，有决心的，坚持的，努力的，活力十足的，处事圆滑的，能言善道的，略有小聪明的，至少专精于某一个领域的。

康韦尔的短文里另一个有趣的重点是，太多人不假思索就认为，一个人不可能同时有钱而且良善，不可能同时有钱也有灵性。我以前也这么想，我跟很多人一样，听到朋友、老师、媒体和社会上其他人说，有钱人总之是不好的，他们都很贪心——这种想法到最后被证明只是无稽之谈！我根据自己的真实生活经历——而不是以前那种从恐惧出发的迷思——发现，我认识的那些非常有钱的人也都是非常好的人。

刚搬来圣迭戈的时候，我们住的房子位于城里最富裕的地区。我们很喜欢这个美丽的家和社区，不过我有点不安，因为我什么人都不认识，觉得我还没有适应。我打算保持低调，不要跟那些有钱的势利眼有太多牵扯。

但是，老天自有安排，当时我的小孩一个五岁一个七岁，他们跟邻居小朋友们成了好朋友，所以不久后我就开始开车载孩子们进出那些豪宅，让他们去找朋友玩。我记得有一次我敲了一道精雕细琢的木门，那道门至少有二十尺高。小孩的妈妈来开门，她用最和善的声音说："哈维，看到你真是太高兴了，快进来。"她倒了冰茶并且端一碗水果给我，我觉得有点困惑。

"她想要什么？"我善于怀疑的心想知道答案。

然后她的先生从外面走进来，他刚才与孩子们在池子里玩了一阵。他的态度比他太太更和善："哈维，你搬来这个社区真是太好了，你们一家今天晚上一定要来参加我们的烤肉会。我们会把你介绍给所有人，而且你不可以说不。对了，你打高尔夫吗？我明天要去俱乐部打球，你可以来当我的客人吗？"

到这时，我已经吓呆了。我原来以为会碰到的势利鬼跑哪儿去了？我离开后回家告诉我太太，我们晚上要去参加烤肉会。

"噢，老天，"她说，"我要穿什么呢？"

"甜心，你没搞懂，"我说，"他们人很好，而且很随和，你只要做自己就好。"

我们去了。那天晚上我们遇到了几个我这辈子遇到过的最温暖和善、最慷慨又可爱的人。大家的话题一度谈到了一位客人正在筹备的慈善活动，这时，支票簿一本接一本拿出来。我简直不敢相信，我真的看到一群人排着队要捐钱给这个女人。不过每张支票都有一个附带条件，也就是大家协议好了，这是互惠的活动，这位客人会赞助所有本次捐助者以后所举办的慈善活动。是的，在那儿的每个人不是正在筹划某个慈善活动，就是原本就是某个慈善活动的主要赞助者。

邀请我们前来的朋友也参与了几个活动。事实上，他们每年都会设定目标，要成为市立儿童医院基金的最大赞助者，不但自己捐赠大笔数目的钱，每年还会举办募款餐会，募集更多的经费。

然后，我们认识了这个"静脉"医生，后来也与他们一家成为挚友。他是全世界顶尖的静脉肿瘤医师，动一次手术的费用在五千到一万美元之间，每天开四到五次刀。

我提到他是因为，每个星期二是他的"免费日"，他会帮城里无力负担手术费用的人免费开刀。这一天，他从早上六点开始，工作到晚上十点，进行十次手术，完全免费。此外，他还自己筹办活动，说服其他医生也在他们自己的社区里做义诊。

这下子，我原先以为的有钱人都很贪心很势利眼的这个惯性想法，因为碰到了真实状况而烟消云散。事情反而与我所以为的相反。在我的经历中，我所认识的有钱人，同时也是好人，是慷慨的人。我不是说没有钱的人就不好或不慷慨，但是我现在可以很放心地说，以为有钱人都是坏人，这种观念根本只是自以为是的看法。

事实上，憎恨有钱人是最能让你继续保持贫穷的方法。人都是习惯的动物，所以，改掉任何一个习惯，都需要练习。**我要你练习去欣赏有钱人，练习去祝福有钱人，还要练习去爱有钱人。这样一来，你在潜意识里就会知道，等你有钱的时候，别人也会欣赏你，祝福你，爱你，而不是讨厌你到死，就像你现在对待他们的方式。**

致富法则：

祝福你想要的事物。

我的人生哲学之一，来自古老夏威夷的胡那（Huna）土著的智

慧，胡那族里的长者有这样的教诲：祝福你想要的事物。如果你看到某人有一处漂亮的家，就祝福那人和他的家；你看到某人有一辆好车，祝福那人和那辆车；看到某人有温暖的家庭，就祝福那人和那个家庭；看到某人的身材外形很好，就祝福那人和他的身材外形。

如果你憎恨别人所拥有的，不管你是用什么方式、态度或形式来表达这份憎恨，那么你就永远不可能得到它。

还有：如果你看见一个人坐在敞篷黑色捷豹跑车里，不要拿啤酒罐丢它！

这是我的宣言：

请你把手放在你的心上，说：

"我欣赏有钱人！"

"我祝福有钱人！"

"我爱有钱人！"

"我也要变成和他们一样的有钱人！"

现在，摸着你的头说：

"这是有钱人的脑袋！"

像有钱人一样行动

1. 练习夏威夷胡那人的哲学："祝福你想要的事物。"开车四处逛一逛，或者买几本杂志，看看别人的漂亮房子、可爱车子，然后阅读几个成功企业的故事。不论你看到了什么你想要的东西，都要祝福它，也祝福那个拥有它的人。

2. 写一封短信或e-mail，寄给一个在某个领域非常成功的人（你不一定要认识此人，也不必与对方见过面），告诉他们，你多么崇拜和尊敬他们的成就。

财富档案7

[
有钱人与积极的成功人士交往。
穷人与消极的人或不成功的人交往。
]

成功的人会把其他成功的人当作激励自己的动力,把其他的成功人士看成学习对象,告诉自己:"如果他们做得到,我也可以。"模仿,是人最主要的学习方式。

有钱人会感谢在他们之前就已经成功的人,因为他们提供了模范供人追随,让别人比较容易获得成功。假如已经有了利用证实为有效的方法可以达到成功,几乎任何人采用它都能奏效,为什么需要发明新的轮胎?

因此,创造财富最快速也最省事的办法,就是去学习那些堪称理财大师的有钱人如何玩这个致富的游戏。你的目标是模仿他们内在的策略和外在的策略。这非常合理:如果你采取同样的行动,也拥有同样的思考方式,那么很有可能会得到相同的结果。我就是这样做的,这也是本书所讲的东西。

穷人和有钱人相反，当他们听到别人成功了，通常会加以评断、批评、嘲讽，而且想把他们拉到与自己相同的层次。你们身边有没有这样的人？家里有没有这样的人？要知道，你怎么可能跟一个被你揶揄的对象学到什么东西呢？怎么可能从他身上得到激励呢？

每当别人向我介绍一个非常有钱的人，我就会想办法制造一个机会去接近他。我想跟他们谈话，学他们思考，与他们交换联络方式，如果我们还有其他共同点，说不定可以跟他们交上朋友。

哦，这里顺带一提，如果你认为我比较喜欢跟有钱人做朋友的这个行为是不对的，那么你是认为我应该跟没钱的人做朋友啰？我可不这么想！我前面提过了，能量会传染，我没有兴趣受到负面能量的感染！

我最近在广播节目中接到一个女子打进来的电话，她问了一个很棒的问题："如果我很积极正面，想要成长，但是我先生常常泼我冷水，我该怎么办？我要离开他吗？还是想办法让他也改变？"我在训练课程里每个星期至少要听到这问题一百次，几乎每一个人都会问出一样的话："如果我最亲密的人不相信自我成长这一套，甚至打击我追求成长的念头，怎么办？"

我给那位女士的回答，就如同我在课程中的回答。接下来我就告诉你。

首先，不要努力改变那些思想负面而消极的人，或者劝他们来上课，那不是你的事。你的责任是，运用你所学到的东西，使自己变好，把你的人生过好。**你要当模范，要成功，要快乐，这样之后也许别人会看见（你内在的）光亮，然后也想要一点那光亮。**再说一次，能量是会传染的，黑暗在光里面会退去。通常，当四周都是光亮的时候，人们必须非常努力才能继续待在"黑暗"里。你的工作就只有一件：活出你最棒的自己，如果他们来向你请教秘诀了，你这时再告诉他们。

其次，要学习一项原则，这个原则是在彰显你想要的事物的同时，做到保持冷静，集中精神，内在祥和。还有另一项法则是："事情会发生都是有原因的，那个原因就是为了要帮助我。"如果你周围都是消极的人和不好的情况，那么你确实不容易维持正面思考、保持清醒，但这就是对你的考验！就像钢在火里会变硬，如果你周围充满了怀疑甚至谴责的声音，但你还能真诚面对自己的信念，那么你就会成长得更快速，而且更坚强。

同时还要记住："事物本身没有意义，除非我们赋予它意义。"回想本书的第一篇讨论到的，我们通常都会认同父母之中的某一人，或者反叛其中一人甚至双亲，这要看我们如何"定义"他们的行为。所以，从现在开始，我要你练习着重新定义别人的负面行为，把它当作你绝对不要仿效的例子。他们越是消极，你心中就越是要经常响起警告声提醒自己，像他们那样活着是多么难看的事。我可不是建议你去那样告诉他们，只是要你这样做。不要责怪他们。因为一旦你开始论断、批评、鄙视他们的人和行为，那么你也不比他们好多少。

　　事情也许会变得很糟，如果你实在无法抵挡他们的消极能量，实在是使你跌到了谷底，无法成长，这时候你可能就必须勇敢做出决定，决定自己要变成什么样的人，接下来的人生想要怎么过。我不是建议你去做冲动的事，但是我自己绝不会跟一个非常负面的、老是践踏我学习欲望和成长欲望的人一起生活，不论我要的是个人的成长、精神上的成长或财务上的成长。我不会那样对待自己，因为我尊重我自己和我的人生，而且我值得获得快乐和成功。世界上有六十三亿人，我没有理由跟一个老是泼我冷水的人绑在一起。如果他们不能跟上来，我就继续前进！

　　再说一次，**能量是会传染的：**你要不是影响别人，就是传染了别人。反过来说，别人若不是用他的能量给了你正面的影响，就是把负面的能量传染给了你。请问你：如果一个人有很严重的麻疹，你会拥抱他吗？大部分的人会说："不可能，我才不想被传染。"嗯，我相信想法负面的人就像是心灵起了疹子，假如你拥抱了他，你不是会发痒，而是犯贱；你不会抓痒，而是会抓狂；你不会烦躁，而是会沮丧。现在，你真的还想接近那样的人吗？

　　你一定听过"物以类聚"这句话。你知道，大部分人所赚的钱都在比好朋友的平均收入多百分之二十或少百分之二十的范围以内吗？所以啦，你要小心交朋友，也要小心选择你打算花时间与之相处的那些人。

根据我自己的经验，有钱人加入乡村俱乐部不是只打高尔夫球，他们参加俱乐部，是为了认识其他有钱又成功的人。有句话说："你懂得哪些事并不重要，重要的是你认识了哪些人。"我觉得你可以把这句话拿去银行存起来。简单说吧："若想与老鹰一起飞翔，就别和鸭子一起游水！"我只跟成功而积极的人来往。

同时，我也很重视把自己从有毒的环境中拔除，因为我没有理由让自己被包括争执、八卦和诽谤在内的有毒能量感染，这也包括"没大脑"的电视节目。你只能把看电视当作消遣的一种方式，不能把它当成唯一的娱乐。

我看的电视节目通常是体育节目。首先，因为我喜欢看到各种职业比赛里的好手。其次，我喜欢听这些冠军人士在比赛后接受采访时所流露的思考方式。对我来说，能在任何一种运动项目中进入大联盟的选手，都是冠军。这个层级的运动员都得赢过几万个选手才能打进去，所以每一个人都非常了不起。我很喜欢听他们赢得比赛后这样说："这是整个团队辛苦努力的结果，我们做得不错，但还是有进步的空间。你可以看到，辛勤努力是会有收获的。"我也很喜欢听他们失败时说的话："只是一场比赛而已。我们会再回来的。我们会忘记这次失败，把所有的注意力放在下一场比赛。我们会回来讨论哪里可以做得更好，也会付出一切，赢得胜利。"

在二〇〇四年的奥运会上，加拿大选手、百米障碍赛世界冠军波蒂塔·费里西恩（Perdita Felicien）被视为最有希望夺金的选手。但她在最后决赛中撞上了第一道栅栏，跌倒了，没办法跑完比赛。她含着泪，坐在场上，十分茫然。为了这场比赛，她准备了四年，每天六小时，一个礼拜七天。现在竟然发生这种事。

隔天早上我看到她的记者会，她的观点真的太惊人了。真希望当时把它录下来了。我记得她大致是这样说的："我不知道为什么会发生这种事，不过它就是发生了，所以我要好好利用它。接下来四年我要更专注，更努力。谁知道，如果我这次赢了，我接下来的人生道路会是怎样？也许我一点欲望都没有了。我不知道。不过我知道的是，现在的我比以前更渴望赢得金牌，下次回来时，我会更强壮。"听到她说这些话，我一直说："哇！哇！"听这些冠军说话，真的可以学到很多。

有钱人会去找赢家相处，穷人则会跟失败者搅在一起。为什么？全都是因为舒服的感觉。有钱的人跟其他成功人士在一起觉得很舒坦，觉得跟他们相处非常值得。穷人跟非常成功的人在一起时很不舒服。他们不是害怕自己被拒绝，就是觉得没有归属感。为了保护自尊，他们的自我就开始论断和批评。

如果你想变成有钱人，就必须改变自己的内在蓝图，打从心底相信你自己跟那些大富翁一样好。

在训练课程上，我常常非常惊讶别人走过来问我可不可以碰我一下。他们说："我从来没有摸过一个亿万富翁。"我通常会礼貌地微笑，不过我在心里会说："拜托你也去过自己的人生吧！我没有比你好，也没有跟你不一样，你如果不能了解这一点，你就永远都会这么穷！"

朋友啊，重点不在于"碰触"千万富翁，而是你要开始相信，你跟他们一样好，一样值得拥有财富，然后就照这样去做。我只能建议你：如果你真的很想触摸一个千万富翁，那就把你自己变成千万富翁吧。

希望你听到重点了。不要嘲讽有钱人，要把他们当作模范。不要从有钱人面前逃开，要上前认识他们。不要说："哇，他们好特别。"而要说："如果他们做得到，我也可以。"然后，如果你想触摸一个千万富翁，你就可以摸你自己了！

这是我的宣言：

请你把手放在你的心上，说：

"我把有钱人和成功人士当作模范。"

"我跟有钱人和成功人士往来。"

"如果他们做得到，我也可以！"

现在，摸着你的头说：

"这是有钱人的脑袋！"

像有钱人一样行动

1. 去图书馆、书店或到网络上，找一个事业成功的大富翁的传记来读。以下几人是不错的范例，譬如：卡内基（Andrew Carnegie）、洛克菲勒（John D. Rockefeller）、玫琳·凯（Mary Kay）、唐纳德·特朗普（Donald Trump）、巴菲特（Warren Buffett）、韦尔奇（Jack Welch）、比尔·盖茨（Bill Gates）、特德·特纳（Ted Turner）。在他们的故事里寻找启示，学习一些追求成功的策略，最重要的是要模仿他们的思考方式。

2. 参加一个高级的俱乐部，例如网球、健身、商业、高尔夫俱乐部等。在富丽堂皇的环境中与有钱人交谊。如果你负担不起高档俱乐部的会费，那么就在你的城市里最高级的饭店喝杯咖啡或下午茶，让自己习惯这种气氛，观察四周的顾客，并发现他们跟你没有什么不同。

3. 指出你生活中的一种情况，或一个人，是特别带有负面能量的。把自己从那种情况或关系中移开。如果是家人，就尽量少待在他们身边。不要再看垃圾节目，也别再看不好的新闻。

财富档案8

[**有钱人乐意宣传自己和自己的价值观。**
穷人把推销和宣传看成不好的事。]

我的公司"巅峰潜能训练"开设了十几种训练课程。在第一堂课上（通常是密集训练课程），我们会简单介绍其他几种课程，并提供给参加者优惠的"到场"学费和其他好处。学员们的反应很有意思。

大部分人会觉得惊喜，会想听一听其他课程的内容，并且拿到学费优惠。但是有些人没那么高兴，他们讨厌任何推销，不管这个东西可能带给他们什么好处，就是讨厌推销——如果你觉得这有点像你的状况，那么你应该好好注意一下自己这个特点。

厌恶推销，是最容易阻碍成功的障碍。对销售和宣传觉得有困难的人，通常都很穷。原因很简单。如果你不愿意让别人认识你、你的产品或者你所提供的服务，那么你如何为自己的事业或你所代表的事业创造可观的收入呢？身为一个员工，如果你不愿意宣传你的特点，那么另一个愿意自我宣传的人很快就会超越你在公司的层级。

排斥宣传或销售的人通常有以下几个原因。你很可能会认同其中一个以上的原因。

首先，你过去可能遇到过使用不恰当方式向你推销的人，你觉得他们在"强迫"推销，或者他们在你不方便的时候一直烦你，或者他们就是不让你说不。无论如何，你务必了解，这个不愉快的经历只存在于过去，但是你继续记着它，对于今天的你没有任何好处。

其次，你可能因为曾经尝试向别人推销却被拒绝，因而有受挫的经历。如果是这种情况，那么你对于推销的厌恶感，只反映了你对于失败和拒绝的恐惧。可是你要知道，过去不等于未来。

第三，你的问题可能来自父母的教导。很多人都听爸妈说过，"自吹自擂"是没礼貌的行为。嗯，假如你是"礼仪大使"，也许就该听这话。可是，在现实世界里，谈到事业和金钱的时候，如果你不能宣传一下自己，我保证没有人会帮助你。有钱人会很乐意对每一个愿意聆听，而且有希望跟他们做生意的人，宣扬自己的好处和价值。

最后，有些人觉得做宣传是"不合身份"的动作，我称这种心态为"自我膨胀症"，又称为"我不独特吗？"态度。有这种症状的人觉得，如果别人想要你的东西，他们应该自己想办法找到你。抱持这种观念的人，若不是很穷，就是很快就要没钱了。他们可以希望别人到处去搜寻他们的踪迹，不过，市场上充满了各种产品和服务，也许他们的产品是最优良的，但是没有人会知道，因为他们太高傲了，不愿意告诉别人。

有句话你可能很熟："制作一个好的捕鼠器，全世界都会找到你家来。"嗯，你要再加上几个字才是真的："如果他们知道你有捕鼠器。"

有钱人通常都是优秀的宣传者，他们也愿意满怀热情地来推销他们的产品、服务和创意。而且他们也很懂得用极富吸引力的方式包装自己。如果你认为那样做是不对的，那么女生的化妆品都应该禁用，而男人都应该脱下西装才对，因为它们明明白白都是"包装"。

畅销书《富爸爸穷爸爸》（*Rich Dad, Poor Dad*）的作者罗伯特·清崎（Robert Kiyosaki）指出，每一种事业，包括写书，都需要推销。他说他自己被封为"畅销书"作家，而不是"好书"作家。他的收入比另一个身份的多太多了。

有钱人通常都是领导者，而所有的领导者都是宣传者。假如你想当领导者，你必须拥有跟随者和支持者，也就是说，你必须善于推销、启发，并鼓舞别人来相信你的观点。美国总统也必须不断把他的想法向大众，向国会，甚至向他自己的政党推销，好让那些想法得以落实。而他首先要推销自己，否则他根本不会被选为总统。

简言之，任何不能或不愿意推销的领导者，都不可能当太久的领导者，不论是在政治、商业、运动领域，还是家庭。我啰里啰唆一直在讲这一点，这是因为领导者赚的钱远远多于跟随者！

致富法则：

领导者赚的钱远远多于跟随者！

关键不在于你喜不喜欢推销，而在于你为什么要推销。而这就回到你的信念：你真心相信你自己拥有价值吗？你对于你提供的产品真的有信心吗？你真心相信你提供的东西对于你推销的对象会有好处吗？

如果你相信自己有价值，你怎么可以把它藏起来，不让其他有需要的人知道呢？假设你有治疗关节炎的药方，而且遇到了为这个症状所苦的人，你会把这个药方藏起来吗？你会等那个人有读心术或是猜中了你刚好有治病的药方吗？有人因为太害羞、太害怕或是太酷而不愿意推销，因此没有提供给受苦的人一个改变的契机，你对于这种人的观感是什么？

不愿意推销的人，通常并不真心相信自己的产品，不真正相信自己。所以他们很难想象会有人如此深信自己的价值，而想对碰到的每一个人推销，用尽一切可行的方式。

如果你相信你所能提供的服务真的可以帮助别人，你就有责任让更多的人知道它。如此一来，你不仅可以帮助别人，还可以赚大钱！

这是我的宣言：

请你把手放在你的心上，说：

"我用极大的热情向别人推销我的价值。"

现在，摸着你的头说：

"这是有钱人的脑袋！"

像有钱人一样行动

1. 你认为，你目前提供（或者计划中）的产品或服务有多少价值？根据你的看法，从一分到十分给它一个分数（一是最低，十是最高）。如果你给了七分到九分，就请修正你的产品或服务，提高它的价值。如果你的结果是六分以下，那么不要再继续提供那项产品或服务了，请你去宣传你真正相信的东西。

2. 看书，听录音带或CD的有声书，或者去上一堂行销与业务的课程。让自己成为这两个领域的专家，让自己专精到可以向别人宣传你的价值的程度，而且是用百分之一百的诚实态度来做宣传。

财富档案9

[有钱人大于他们的问题。
穷人小于他们的问题。]

前面说过，变成有钱人可不是像去公园散步那样容易的事，而是一场充满曲折、转弯和障碍的旅程。通往财富的道路充满了陷阱和危险，所以大部分人不愿意走上这条路，因为他们不想惹来那些让人头痛的事和责任。总而言之，他们不想要麻烦。

这就产生了有钱人跟穷人最大的分别之一。**有钱人和成功人士，大于他们的问题；但是穷人和不成功的人，小于他们的问题。**

穷人会想办法避免麻烦。他们看到一个挑战就拔腿逃走。讽刺的是，就在他们辛苦追求不要有任何问题的同时，他们给自己制造了最大的问题：贫穷和悲惨。朋友们，成功的秘诀，就是不要逃避问题，不要在问题面前退缩；成功的秘诀就在于你要成长，让自己大于一切的问题。

> **致富法则：**
>
> **成功的秘诀，就是不要逃避问题，不要在问题面前退缩；成功的秘诀就在于你要成长，让自己大于一切的问题。**

在一到十的等级上，一是最低分，十是最高分，假设你的个性和态度是一个处在第二级的人，但是你现在面临了一个第五级的困难，那么，你把这个问题看成大问题还是小问题呢？从第二级的观点来看，第五级的问题可能会是个大问题吧。

现在，想象你已经成长到第八级了，那么，这个第五级的问题会是大问题还是小问题呢？很神奇，同样的一个问题，现在变成小问题了。

最后，想象你非常努力，把自己提升到了第十级，那么现在，原先那个第五级的问题是大问题还是小问题？答案是：根本不是问题了。你的脑子里根本不会认为它是个问题，不会出现负面的能量，你觉得它是家常便饭，就像刷牙或穿衣一样简单的小事。

注意，不管你有钱还是没钱，玩大的或小的，生活中永远会出现问题。问题永远不会消失。如果你还在呼吸，生活中就会出现所谓的问题和障碍。让我做个简短而甜美的总结：问题的大小永远不会是问题，真正的问题是你有多大！

听起来很痛苦，但如果你准备要向上移到成功的另一个等级，那么你就必须察觉到，在你生命中到底发生了些什么。

准备好了吗？开始啰。

如果你的生活中有一个大问题，这只说明了一件事：你很小！不要被外表骗了，你的外在世界只是你内在世界的反映罢了。如果你想要彻底改变，那就不要再专注于你的问题有多大，而要开始注意你自己有多大！

致富法则：

如果你的生活中有一个大问题，这只说明了一件事：你很小！

我在课程中提供给学员几个不太优雅的建议，其中一个是：每当你觉得碰到了大问题的时候，就指着自己大叫："我好小，我好小，我好小！"这样一喊，你会马上把自己叫醒，并把注意力放在它应该放的地方：你自己。然后，从你的"更高自我"（而不是从一个小鼻子小眼睛的、受害者的你）出发，深呼吸，决定从此时此刻开始，你要变成一个更大的人，不让任何问题或阻碍把你的幸福或成功推远。

你所能处理的问题越大，那么你所能掌握的事业就越大，所能承担的责任也越大，你所能带领的员工、面对的客户也就越多，而你能处理的钱也就越多，最后，你能掌握的财富当然也就越多。

其次，你的财富增长的幅度只会被你自己成长的幅度限制住！你的目标是让自己成长到一个层次，足以克服为了创造财富与维持富有而遇到的所有问题或障碍。

顺带一提，如何守住你的财富完全是另外一回事。但我以前哪里知道啊？我以为只要有了钱就是成功了！老天，我失去第一个百万美元的速度简直跟我赚到它的速度一样快！我可真是吓一跳！现在回头看，我知道问题出在哪里了。我那时候的"工具箱"不够大，也不够强，不足以守住我已经取得的财富。于是，谢天谢地，我采用了这本书提到的多种法则，重新调整自己！我不但把那一百万美元又赚了回来，而且因为采用了新的财富蓝图，我还多赚了几百万。最棒的是，钱不但被我保住了，还不断以惊人的速度在增长！

把你想象成你自己财富的容器。如果你的容器很小，但你的钱很多，会发生什么事？你会留不住那么多钱。你的钱会从容器中漫出来，多余的钱会洒得满地都是。你所拥有的钱财不能大于你的容器。所以你必须成长为更大的容器，才能不只收纳更多的财富，同时也吸引更多的财富进来。宇宙很讨厌真空的状态，所以如果你有一个很大的财富容器，它就会忙着把你的容器填满。

有钱人比他们的问题大，原因之一已经在前面谈过了。因为有钱人不会专注于问题，而会专注于目标。其次，你的心灵通常一次只能关注一件最重要的事情，所以，你若不是在抱怨问题，就是在找解决方法。有钱人和成功的人通常都是习惯性就会去解决问题；他们面对了挑战，就会把时间和精力用来思考对策与寻找答案，并且找出方法不让问题再出现。

穷人和不成功的人则是问题导向，把时间和精力拿来自暴自弃、怨天尤人，很少发挥创意去减少问题，更谈不上想办法做到不让问题再出现。

有钱人遇到问题不会退缩，不会逃避，也不会抱怨。有钱人是财务的战士——在我们的"启蒙战士训练营"中赋予战士的定义是"一个战胜自己的人"。

说到底，如果你能变成一个处理问题和克服障碍的大师，那么还有什么东西能够阻碍你成功呢？没有！如果什么都挡不住你，你就所向无敌了！如果你变得所向无敌，那么你在人生中能拥有哪些选择呢？你可以有全部的选择。因为你所向无敌，所以一切都随你取用，你只需要做出选择，它就是你的！这样的自由可真棒哪！

> **这是我的宣言：**
>
> 请你把手放在你的心上，说：
>
> "我比任何问题都大。"
>
> "我可以解决任何问题。"
>
> 现在，摸着你的头说：
>
> "这是有钱人的脑袋！"

像有钱人一样行动

1. 每当你因为某个"大"问题而心情低落、沮丧的时候，就指着自己说："我很小，我很小！"然后深呼吸，对自己说："我可以处理。我比任何问题都大。"

2. 写下你在生命中遭遇过的一个问题，然后写下十个你可以采取的行动，它们能解决或至少改善这个情况。这可以帮助你从在脑子里想着问题，转移到用行动解决问题。这样做的好处是，首先，你极可能会解决这个问题；第二，你的感觉会好很多很多。

财富档案 10

[**<u>有钱人是很棒的接受者。</u>**
穷人是差劲的接受者。]

如果我必须指出多数人无法彻底发挥财务潜力的头号原因，它是这个：大部分人都是很差的"接受者"，他们也许善于付出，也许不善于付出，但是，他们一定不懂得接受。而就是因为他们很不懂得接受，所以他们接受不到！

人们为什么会不善于接受？有几个原因。第一，很多人觉得自己不值得或是不配，这个症状在我们社会上十分普遍，我猜大概百分之九十的人，身上流着的血液让他们觉得自己不够好。

这份低度的自我价值认定，是从哪里产生的？还是老原因：制约。大部分的人，每听到一次"好"，就要听二十次"不好"，每听到一次"你做对了"，就要听十次"你做错了"，每听到一次"你太棒了"，就要听五次"你很笨"。

就算你的父母或监护人很支持你，很多人还是会觉得达不到他们的期望、不符合他们的赞赏，觉得自己不够好。

此外，大部分人的成长过程里都伴随着处罚，这让我们知道，如果做错了什么，就会，或是就应该被处罚。有人曾被父母处罚，有人曾被老师处罚，还有一些人曾经参加某些宗教团体，被恐吓会遭受到惩罚中的惩罚：无法上天堂。

长大成人之后，这一切都该结束了吧？错！对大部分人来说，这个被惩罚的反射心理变得根深蒂固，所以假如没有人来惩罚他们，他们就在潜意识里自己惩罚自己。小时候的处罚可能是这样："你不乖，所以不给你吃糖。"长大后的处罚则可能变成："你不好，所以没有钱。"这可以解释为什么有些人的收入有限，而有些人会在潜意识里想要毁掉自己的成功。

难怪好多人不懂得如何接受别人给的东西。只不过犯了一个小错，你就注定要悲惨过一生。"严厉了一点。"你会这样说吧？（咦，从什么时候开始，你的心灵也变得通逻辑，有同情心了？）前面说过了，被制约的心灵是一个档案夹，里面充满了过去的设定、制造出来的意义以及戏剧化的悲惨故事，可是"合理"不是它的强项。

我在课程上所教的一个概念，可能会让你好过一点。那就是，不管你觉得自己值不值得，总之你可以变成有钱人。很多有钱人不觉得自己特别有价值——其实，这一点正是人们想要赚大钱的主要动力之一，因为人会想对别人证明自己的价值。自我价值与自我净值成正比，这说法只是一个概念，在实际生活中并不一定能成立。前面谈过，想借着发财来证明自己，可不会让你成为快乐的人，所以你最好找其他理由来创造财富。但是我要你了解，你那种认为自己不值得的感觉，并不会阻止你获得财富；甚至，假如完全从钱的角度来看的话，这种感觉事实上是激励你奋发向上的一种资产。

说到这里，我要你明确懂得我接下来要说的东西，这可能是你这辈子最重要的几个时刻之一。你准备好了吗？

我开始说了。

你要认识到，你有没有价值这回事，只不过是一个"故事"。其次，事情本身没有意义，是我们赋予它意义。我不知道你是怎样，但是我从来没听过谁出生的时候要先通过"盖章"的程序。你能想象上帝在每一个人出生之前帮他在额头上盖章吗？"这个有价值，这个没价值……这个有一点价值，这个有不少价值……哦，这个完全没有价值。"抱歉，我不认为事情是这样的。没有人会为你标上"有价值"或"没有价值"的记号，而是你自己标上去的，是你编造出来的故事，是你自己决定了你自己有没有价值。完全是你个人的观点。如果你说你有价值，你就有价值；如果你说你没有价值，那么你就没有。然后你就会依照你的故事版本而活。

这一点非常重要，我要再说一次：你会依照你自己的故事而活。
事情就这么简单。

致富法则：

如果你说你有价值，你就有价值；如果你说你没有价值，那么你就没有。然后你就会依照你的故事版本而活。

人为什么要这样对待自己呢？为什么要编出那些故事，说自己没有价值呢？其实这些都是人心的本质。我们总是为了保护自己，而一直在找到底哪里出了错。你有没有发现，松鼠从来不担心这些事情？你能想象松鼠说"我今年才不要收集很多坚果过冬，因为我没有价值"吗？不会吧，因为像松鼠这种智商等级的生物从来不会这样对待自己。地球上只有高度进化的动物，也就是人类，才有能力像这样子限制自己。

我自己发明了一句名言："如果一株百尺高的橡树拥有和人类一样的心灵，那么它顶多只能长到十尺。"所以我要建议你：改变你的故事，比改变你的价值容易多了；与其想着如何改变自己的价值，还不如改变你自己的故事。这样更快而且更不花钱。你只要编一个新的、更能鼓励你自己的故事，再照那样去活，就行了。

致富法则：

如果一株百尺高的橡树拥有和人类一样的心灵，那么它顶多只能长到十尺。

"可是我不能那么做。"你说，"我没有资格决定我自己是不是有价值。那应该由别人来决定。"我会说，这样讲不太对——嗯，我只是用比较礼貌的方法说你"胡说八道"！任何人说什么，或过去曾经说过什么，完全不重要，因为，是你相信了它，完全被它说服了，它才可能对你起作用，而且从头到尾都是你自己在做决定。

为了让你好过一点，我们来玩一个游戏，我会像我在密集训练课程上对几千位学员做的一样，亲自为你加持。

这是一场特别的典礼，我要求你排除一切会让你分心的事情，不要吃东西，不要打电话，把手上正做的事放下。先生，如果你想，你可以改换西装打领带，穿上燕尾服更好。女士，一件正式的晚礼服配高跟鞋会很完美。如果你没有高贵的或簇新的行头，正好可以趁此机会为自己挑件全新的洋装，最好是设计师品牌。

准备妥当后，我们就开始了。请你单膝跪下，充满敬意地低下头。好了吗？要来啰。

"以我内在所赋予的力量，我在此为你加持为'具有价值'，从此刻直到永远！"

好了，完成了。

你现在可以站起来，抬头挺胸，因为你终于是有价值的人了。

我还要给你一些明智的忠告：不要再相信有价值没价值那一套无稽之谈了，开始采取必要的行动，让自己成功致富吧！

还有第二个原因可以解释为什么人们没有能力接受。他们是被一句格言收买了："施比受更有福。"让我们对着这句话尽可能优雅地说出："少来！"这句话简直是垃圾。不知道你发现了没有，会到处宣讲"施比受更有福"这句话的，通常是那些想要你给予而由他们接受的人或团体。

这个观念根本就是错的。哪一个比较好？热还是冷？大还是小？左还是右？给予和接受本来就是一个硬币的两面，说付出胜于接受的人，基本上他的算术不太好。只要出现一个给予者，就有一个接受者；而每一个接受者的对面都是一个给予者。

致富法则：

只要出现一个给予者，就有一个接受者；而每一个接受者的对面都是一个给予者。

如果没有接受者，没有东西可以给出去，那么该如何给予？这两

者必须维持平衡，才能一对一，各担一半。而既然给予和接受永远是平等的两回事，那么两者的重要性也必须是相当的。

此外，给予的感受如何？大部分人都会同意，给予会让人觉得很满足。反过来，假如你想要给予，但对方不愿意接受，这时的感觉如何？大部分人会说，感觉很糟。所以要知道：如果你不愿意接受，那么你就"剥夺"了那些想要给予你的人的感受。

事实上你剥夺了他们借由给予而能得到的喜悦和快乐。所以他们会感觉很糟。为什么？又是因为能量的关系。当你想要给予却无法如愿，你的这份能量无法表达，于是卡在你身上，那份"卡住"的能量会转变成负面的情绪。

更糟的是，当你不是完全心甘情愿接受的时候，你就是在训练宇宙，要它别再给你东西！这道理很简单：如果你不愿意接受你应得的那一份，那么它就会跑到别人那里去。这就是为什么富者会越富，贫者会越贫。不是因为有钱人比较有价值，而是因为他们愿意接受，但是大部分的穷人不愿意接受。

这个道理，是有一次我独自到森林里露营的时候学到的。那次，我打算在森林里待两天，于是我制作了一间"小屋"。我把一块帆布的上端绑在树身，再把它的底部固定在地面，做出了一个从我头上往下倾斜四十五度角的屋顶，这样我就可以睡在这块帆布围出来的空间里面。幸好我准备了这个迷你住处，因为下了一夜的雨。隔天早上我从小屋里出来，发现我身上和帆布底下都很干燥。不过，我也发现了帆布底下有一个很深的水洼。我突然听到心中冒出一个声音说："大自然非常丰富满盈，并且一视同仁。下雨了，雨水一定得有去处，如果某地方是干的，另外一处就一定加倍潮湿。"我站在水洼边，顿时明白，这也是金钱的道理。我们四周的钱太多了，几兆几兆的钱在流动，实在够丰裕的了，而且它一定必须流向某个地方。所以：如果有人不愿意拿他那一份，那么钱就会跑到愿意拿的人手上。雨水不在乎落到谁身上，钱也一样。

我在课程中讲了这个故事之后，接下来会把我在树屋经验结束后所创出的特别祷告教给学员。这段祷告有点滑头，不过我的用意很清楚。祷告是这么说的："宇宙啊，如果有人即将得到什么好东西，但是他们不愿意拿的话，请把它送给我！我完全开放而且乐意接受你赠予的所有祝福。谢谢你。"我让所有学员和我一起说出这个祷告，他们简直乐疯了，好兴奋，能够全心全意愿意接受东西的感觉实在太好了，而且，这样做实在是非常自然的事。

那些你自己编造出来的、说自己不值得的说法，我再说一次，它们都只是"故事"，对你没有一丝好处。让你的故事走吧，让你的钱朝你而来吧。

有钱人努力工作，并且深信，他们因为自己的努力和所提供给别人的价值而得到好的报偿，是完全合理的事。穷人也努力工作，但是因为他们自认为不值得，所以相信他们的努力和所提供给别人的价值没有理由得到好的报偿。这个信念使得他们落入了陷阱，成为绝佳的受害者。当然，如果你得到了丰厚的报酬，你怎么可能会是个"好"的受害者呢？

很多人真的相信，自己因为比较穷，所以是比较好的人。不知为什么他们相信自己比较虔诚，比较具有灵性，比较善良。胡说八道！穷就是穷，什么都不是！课程上，曾经有一位男士哭着来找我。他说："我就是没办法看到自己有那么多钱，而别人什么都没有。"

我问了他几个问题："你成为穷人中的一个，这样对他们有什么帮助？你一文不名，可以帮助谁？还不就只是又一张等着吃饭的嘴吗？如果你可以为自己创造财富，然后可以站在一个有力的位置去真正帮助其他的人，这样不是比较有效率吗？"

这下他停止哭泣了："我终于懂了。我真不敢相信，我以前会有那些垃圾想法。我现在相信，我就要富有了，而且，一路上我还要帮助其他的人。谢谢你。"他回到座位上，简直是面目一新。不久前我收到他的e-mail，说他现在的收入是以前的十倍，而且他感觉棒极了。他说，最棒的是，他可以帮助一些日子过得很苦的朋友，真是太棒了。

这让我想到一个重点：如果你有办法赚到很多钱，就去赚吧。为什么？因为，我们有幸生活在美国，在这里的人与世上其他地方的人比起来，其实都算是有钱人了。有人从来没机会拥有很多的钱。如果你也是一个有能力赚钱的幸运儿，我想你们一定都是幸运儿，否则你现在不会读着这样一本书。那么，就把你的能耐完全施展出来吧。你要变得真正富有，然后去帮助没有机会像你这样成功的人。

当然，有人会说："钱会改变我。我万一有钱了，可能会变成某种有钱的浑蛋。"

对于这种论调，我要说，首先，只有穷人会说这种话，而这个论调只是他们预先为失败寻找借口的说辞，是他们的财务花园里众多心灵"杂草"的一小株。不要相信！

其次，让我把重点厘清。金钱只会让你现有的自己更加扩大。如果你很坏，那么钱会给你机会变得更坏。如果你很善良，那么钱会给你机会变得更善良。如果你内心是个王八蛋，那么你有了钱之后就会变成王十八蛋（我知道没有这种说法，不过如果你真的是个浑蛋，你就会有办法变成那样子）。如果你很慷慨，更多的钱只会让你变得更慷慨。如果谁告诉你相反的话，那他一定很穷！

致富法则：

金钱只会让你现有的自己更加扩大。

那么现在要做什么呢？你要如何变成一个很棒的接受者呢？

第一，开始提供养分给你自己。记住，人是习惯的动物，所以你必须出于自觉、很清醒地练习接受生命所给你的一切。

在我们的密集训练课程里，设计了一个金钱管理的核心观念，就是使用一个"玩乐"账户，里面放一笔钱用来花在那些可以给你养分，让你"感觉像个千万富翁"的事物上。设立这个账户的用意，是要帮助你确认你是有价值的，并且强化你用来接受事物的"肌肉"。

第二，我要你练习，每一次发现了钱或收到了钱的时候，就要用兴奋和感激的态度让自己发疯一下。说来好笑，我没钱的时候，如果看到地上有硬币，我绝不会弯下腰把它捡起。但是现在我有钱了，只要发现地上有什么东西看起来像钱，我都会把它捡起来，然后为了自己的幸运而亲吻它，再大声说："我是金钱磁铁。谢谢，谢谢，谢谢。"

我不会批评硬币不值钱。钱就是钱，发现了钱，就是宇宙给我的祝福。现在的我，乐于接受上天要给我的一切东西。我说真的！

如果你想要创造财富的话，务必保持开放而愿意接受的态度。这态度对于守住财富也同样重要。如果你是个差劲的接受者，刚巧得到一笔可观的钱财，那么很可能过不了多久，钱就会不见。

再强调一次，"内在先于外在"。首先要扩大你的接收"箱"，然后看着钱进来装满它。

其次，宇宙厌恶真空。任何一个闲置的空间一定会被填满。一个空柜子或空车库会发生什么事？它通常不会空太久，对不对？你有没有注意过，很奇怪，完成一件任务的时间永远会等于你给它的时间？一旦你扩大了接受的能力，你就会知道我在说什么。

而且，一旦你变得真正开放，懂得接受，那么你生活中的其他部分也会跟着开放。你不仅会得到更多金钱，你还会得到更多爱，更多平静，更多幸福，以及更多的满足感。为什么？因为，"你做一件事情的方式，就是你做所有事情的方式。"这是另一个我常挂在嘴上的道理。

致富法则：

你做一件事情的方式，就是你做所有事情的方式。

你在某一方面的表现，通常就是你在所有方面的表现。如果你一直在阻挡自己接受金钱，很可能你也一直在阻挡自己接受生命中其他的好事。人的心灵通常不会特别区分你在哪个特定方面是差劲的接受者。事实正好相反，我们心灵的习惯是把一切都变成通则，它会说："它是这样，就是这样，到哪里都是这样，永远都是这样。"

如果你是个差劲的接受者，那么你在每一方面都是很差劲的接受者。但好消息是，等你变成了很棒的接受者，那么你在任何一方面都会是很棒的接受者，可以开放接受宇宙要给你的一切，人生中各个方面的祝福。

现在你只要记住一件事，就是要不断说"谢谢"，收到了任何祝福，都要说谢谢。

这是我的宣言：

请你把手放在你的心上，说：

"我是很棒的接受者。我很开放，

而且乐意接受很多很多的钱进入我生命中。"

现在，摸着你的头说：

"这是有钱人的脑袋！"

像有钱人一样行动

1. 练习当一个很棒的接受者。凡是有人给你赞美，只要对对方说"谢谢"，不要马上就回赠一个赞美。这个练习可以让你完全接受赞美并拥有这个赞美，而不是去"折射"它。这个练习也能让赞美者感受到送出礼物而礼物没有被丢回来的喜悦。

2. 任何一笔钱，我说，任何一笔钱，只要是你发现了或接受了，你都应该欢天喜地庆祝，放声大叫："我是一块金钱磁铁。谢谢，谢谢，谢谢。"这练习适用于任何收到钱的时候，包括捡到钱，收到礼金，政府退回的税，领到薪水，做生意的营收。记住，宇宙是要来帮助你的。如果你继续大声向世界说你是一块金钱磁铁，特别是你有证据可以证明这一点的时候，那么宇宙只会说"好"，然后继续送你更多。

3. 宠爱你自己。至少一个月做一件能让你的身体或心灵得到养分的事。做个按摩，修个手指甲或脚指甲，让自己吃一顿奢侈的饭，租一艘船或度假小屋，请人把早餐送到你的床上（你也许要跟朋友或家人打个商量）。做些能让你觉得有钱、有价值的事。你从这些体验中所传送出来的频率，会送一个讯息到宇宙中，表示你活得很丰裕，而且，宇宙只会做它自己的工作，对你说"好"，然后给你机会，让你得到更多。

财富档案11

[有钱人选择根据结果拿酬劳。
穷人选择根据时间拿酬劳。]

不晓得你是否听过这些忠告："去上学，拿好成绩，找个好工作，领一份稳定的薪水，准时上班，努力工作，你就会幸福快乐。"我不知道你听了觉得怎样，不过我很想要看到这些话的保证书。不巧，这些明智的建议取自童话故事第一册。

我不想花力气去颠覆那些话，请你根据自己的经验和你周遭所有人的经验自己做判断。我现在要讨论的是，关于"稳定的"薪水这个概念背后的迷思。拥有稳定的薪水没什么不对，除非它阻碍了你用自己的能力赚取你所值得的金钱——问题是，"稳定的薪水"这概念往往就会阻碍你赚更多钱。

致 富 法 则 :

拥有稳定的薪水没什么不对，除非它阻碍了你用自己的能力赚取你所值得的金钱—— 问题是，"稳定的薪水"这概念往往就会阻碍你赚更多钱。

穷人喜欢拿固定的月薪或是时薪。他们需要知道，每个月在固定的时间，有一笔固定的金额会进账，月复一月，借此得到安全感。但他们不知道自己要为这份安全感付出代价，那个代价就是财富。

基于安全感而活，就是基于恐惧而活。你其实真正在说的是："我很怕，根据我的表现，我可能会赚得不够，所以我只要赚足生活所需或过得舒服就够了。"

有钱人则喜欢根据他们产出的结果来获得报酬，就算无法完全照这样来做，至少能做到一部分。有钱人通常会在某种形式上拥有自己的事业，从利润中赚得自己的收入。有钱人的酬劳是权利金或获利百分比；他们选择股票盈余和利润分享，而不是较高的薪水。注意，以上所提的收入并不附上保证书。就像前面说过的，在财富的世界里，回收通常与风险成正比。

有钱人相信自己，相信自己的价值，也相信自己有能力发挥价值。穷人不是这样，所以他们需要"保证书"。

最近我遇到一个公关顾问，她要我每个月付给她四千美元的薪水。我问她，给她这些钱能让我回收什么，她说至少每个月会看到相当于两万美元的媒体报道。我说："要是你没有达到这些成果或接近的数字呢？"她回答她还是会付出相同的时间，所以她应该得到报酬。

我回答："我没有兴趣付钱买你的时间，我想要的是为了特定的成果来支付你酬劳，如果你无法产生结果，我为什么要付你薪水？再说，如果你能产生更好的结果，你就应该拿更高的酬劳。我们这样吧：我会根据你所创造出来的媒体价值，付你那个数字的百分之五十。根据你刚才给我的数字，你每个月可以拿到一万美元，是你要求的两倍多。"

她有没有买账呢？没有！她很穷吗？没错！而且她后半辈子都会很穷，除非哪天她弄清楚，想要赚大钱，就要根据自己创造的成果拿酬劳。

穷人用自己的时间换取金钱。这种做法有一个大问题，因为你的时间是有限的。换句话说，你必然会违反致富法则第一条："永远不要为你的收入设定上限。"如果你选择要根据你所付出的时间拿酬劳，那么你无疑是在抹杀自己获得财富的机会。

致富法则：

永远不要为你的收入设定上限。

这个原则也适用于个人服务业，在这些行业里，一样是依据付出的时间获得酬劳。这就是为什么那些还没有成为事务所合伙人，因此无法分享营业利润的律师、会计师和顾问，顶多只能过一般的生活。

假设你在生产钢笔的行业工作，你拿到了一张五万支笔的订单，这时你会怎么做？你会打电话给供应商，订五万支笔，把货送出，然后满心欢喜计算你的获利。但假设你是按摩治疗师，而且你很幸运，有五万个人在你门口排队等待你的服务，你会怎么做？你会因为没有跳槽到钢笔行业而想自杀。你还能怎么办？去跟排在队伍最后面的那个人说，你可能会"晚一点"服务到他，大概是四十年后某个星期二的下午三点十五分！

我不是在说个人服务业有什么不对，只是说，你从事服务业就不要期待会很快发财，除非你想出办法为自己制造分身，或者使用杠杆原理来运用自己的时间与精力。

在我的课程上，常遇到领固定薪水的人向我抱怨他们的薪水不及他们的价值。我都这样回答："是从谁的观点来看的？我确定你的老板认为你的酬劳很合理。为什么你不离开领死薪水的工作，要求完全以你的工作表现给予报酬？如果那样不可行，为什么不替你自己工作？那样你就会知道，你所赚到的数目就是你所值得的。"不知为何，我这个建议似乎无法平抚这些人，他们显然很害怕在市场上测试自己"真正的"价值。

大部分人会害怕以工作成果来支付薪水，通常是出于一种害怕打破现状的心理。在我的经验里，困在拿固定薪水的模式里面的人，都是被过去的说法制约，认为依照工作领薪水是"正常"的方式。

你不能责怪你的父母（如果你实在是很严重的受害者，你还是可以怪他们），大部分的爸爸妈妈都过度保护孩子，所以希望孩子将来能过稳定的生活。这是非常自然的事。你可能也已经发现，任何无法提供稳定收入的工作通常都会导致父母说出这句话："你什么时候才要找一份真正的工作啊？"

我父母问我这个问题的时候，感谢老天爷，我的回答是："我希望永远不要。"我妈听了简直快要崩溃。但是我爸爸说："你真棒。如果你只是替别人工作，领薪水，那么你永远不会有钱。如果你要找工作，那么就要确定你拿的是百分比的酬劳。否则，就自己当老板！"

我也鼓励你当自己的"老板"。自己创业，拿佣金工作，拿固定比例的红利或公司收益，或是认股。不论是什么，总之要创造一个情形，让你可以根据成果来获得酬劳。

我个人相信，每一个人都应该拥有自己的事业，不管是专职或是兼职。第一个理由是，到目前为止，绝大部分的千万富翁都是因为有自己的事业才发财的。

第二，在要缴那么多税的情况下，想要创造财富实在是非常困难的事。当你有了自己的事业，你可以扣除一部分开销，例如买车、旅游、教育甚至购买住宅的费用，而省下一笔为数不小的税款。为了这个理由，就值得你去拥有自己的事业。

　　如果你没有一个优秀的创业构想，也不用担心：你可以借用别人的构想。譬如，你可以成为佣金制的业务员。销售是全世界酬劳最高的职业之一，如果你在这方面真的很行，你可以赚一大笔。其次，你可以加入直销与连锁经营公司。现在有几十个很棒的直销与连锁经营公司，他们有各种产品和销售系统可供你马上展开。只要花一点钱，你就可以变成配送者，并拥有一种最不受行政体系干扰的事业。

　　如果你听了觉得有共鸣，那么直销与连锁经营可以是创造财富的强力工具。但是——这是一个很大的但是——你别以为自己不必花力气。直销与连锁经营工作必须靠你亲自去做才会有效；它必须靠训练、付出时间和精力才能成功。但是，如果你真的去做了，每个月的收入大概在两万到五万美金中间——没错，这是一个月的收入，而这情况并不罕见。总之，你只要加入兼职行销商，就会有一些赋税上的好处。谁知道？也许你很喜欢这个产品，想把产品介绍给别人，最后还会大赚一笔。

　　另一项选择，是把你的"工作"换成"合约"式的职务。如果你的老板愿意，他可能会雇用你的公司，而不是你，去执行你现在做的业务。这方法也需要符合某些法律上的要求，不过大致而言，如果你增加一到两个手下，甚至只是兼职性质的人员，你就可以享有事业经营者的待遇而非员工的酬劳，并拥有业主的赋税优惠。搞不好你那些兼职的手下会变成全职，让你有机会大幅提升自己的实力，可以雇用更多人去做所有工作，到最后你就会拥有属于自己的事业。

你可能会想："我的老板可能不会赞成。"这个我可不确定。你要知道，公司养一个员工不但要付他薪水，还要付保险的钱，外加福利金之类的支出。假如你是以独立的顾问公司的方式与公司合作，你可以为他们省下不少钱。当然，你可能拿不到全职员工所有的福利，但是光你省下的税款就足够你去买自己最需要的顶级享受了。

说到底，想要赚取你真正的价值所值的钱，就要根据你的表现结果来获得酬劳。

再说一次，我爸的话最有道理："如果你只是替别人工作，领薪水，那么你永远不会有钱。如果你要找工作，那么就要确定你拿的是百分比的酬劳。否则，就自己当老板！"

这是我的宣言：

请你把手放在你的心上，说：

"我要根据我的表现结果来获得酬劳。"

现在，摸着你的头说：

"这是有钱人的脑袋！"

亲爱的哈维：

　　我不知如何表达我对你的感谢。我太太的一个朋友把你介绍给我们。当时我的年薪刚刚被减了一万美元，我们手足无措，急着寻找解决方案，因为减薪之后的收入实在不够支应生活所需。

　　在你的密集训练课程里，我们学到可以帮助我们创造财务自由的工具。我们应用了那些工具之后，奇迹就出现了。过了一年我们就买了五套房子，每一套的利润至少都有两万美元，第五套甚至让我们获利三十万美元，比我先前的年收入高六倍！于是我辞掉我做了十四年的工作，成为一个全职的房地产投资者，还有时间陪伴我的家人和朋友。

　　你这套训练我们思考的教学法，是我们获得成功的关键。我迫切盼望未来的一切。真希望我二十几岁的时候就学会这些。

　　谢谢你。

　　　　　　　　　　　　　希恩·尼塔，于华盛顿州西雅图市

像有钱人一样行动

1. 如果你现在有一份领取钟点费的工资或是在领月薪，请向你的雇主建议一个方式，让你至少有一部分的酬劳是依照你的工作成果以及公司的营运成果来领薪。

如果你拥有自己的事业，请设计一项制度，让你的员工，甚至主要供应商，可以根据个人的表现与公司的表现来获得报酬。

立刻将这个计划付诸实行。

2. 如果你现在的工作并没有根据你的表现来付你薪水，请你考虑自己当老板。你可以先从兼职开始，譬如当某种教练或老师，把你的所学与知识教给别人。或者，你可以向你的公司提供独立的顾问服务，但是要依你的表现和成果接受酬劳，而不是依照工作时间。

财富档案12

有钱人想着:"如何两个都要?" 穷人想着:"如何二选一?"

有钱人居住在富足的世界,穷人则住在处处受限的世界。这两种人当然都存在于同一个物理世界里,不同之处在于他们的观点。穷人和大部分的中产阶级是从"匮乏"的角度看世界。他们依循"可供分配的资源有限,永远都不够,你不可能拥有一切"等等说法过活。虽然你无法拥有全世界的所有东西,但是我真的认为,你可以拥有"你真正想要的一切"。

你想要成功的事业,还是亲密的家庭关系?两个都要!你要专注于事业,还是开心玩乐?两个都要!你在生命中要的是财富,还是意义?两个都要!你想要赚一大笔钱,还是做你喜爱的工作?两个都要!穷人只会选择其中之一,然而有钱人想两者通吃。

有钱人知道,只要一点创意,就可以想办法拥有两个世界里最好的部分。所以，从现在开始，每当你面临一个非此即彼的选择时，就问自己一个非常重要的问题："我如何两个都得到？"这个问题会改变你的人生，会把你带离匮乏和限制的模式，进入一个充满机会的丰裕世界。

这不只是与你想要的个别物件有关，也和人生所有的面向有关。

举例来说，假设我要处理一个不高兴的供应商，他认为我的公司应该付给他们某些事先没有讲好的费用。我会觉得，预估成本是他的工作，不是我的，如果他花了更多的钱，那么他必须自己应付这个状况。我会非常乐意下次合作时拟定新的合约，但是我会很坚持要遵守先前讲好的合约。如果是发生在我"没钱"的时候，我会跟他认真谈，设法表达我在乎的重点，确定我不需要再付合约以外的任何一毛钱。而且，就算我很想继续和这个供应商合作，但是最后可能还是会导致激烈的争执，而我会认为，不是他赢就是我赢。

但是现在，因为我已经锻炼出"两个都要"的思考方式，所以在这个讨论中，我会完全开放，试图创造一个有利的情况让我不需要再付任何钱，而他也能对我们的协议感到开心。换句话说，我的目标是双赢！

再举一个例子。几个月前，我决定在亚利桑那州买一套度假屋，我查过了我感兴趣的那个地区，所有不动产经纪人都告诉我，如果我想在那个地区买一栋三卧房加一书房的房子，一定会超过一百万美元。

我原先的预算就是一百万美元，遇到这种情况，大部分人不是降低原先设定的期望就是提高预算。可是，我预期的房子和价格都要。于是我最近接到一个屋主的电话，他的房子就位于我想要的地区，房间数也是我想要的，而他们的价钱低于一百万美元。我的"两者通吃"式思考又帮了我一次忙。

我最后要说的例子是，我一直告诉我爸妈，我不想被自己不喜欢的工作奴役，而且我会"用我喜欢做的事赚大钱"。他们的反应通常是："你活在梦想世界里。人生可不是一碗樱桃。"他们说："生意归生意，玩乐归玩乐。你要先赚到温饱，然后，如果还有时间的话，你再去享受人生。"

我记得我心里想："嗯，如果我听他们的，我最后就会跟他们一样。不行，我两个都要。"这样做很难吗？一定的。有时候，我必须做一两个礼拜我很讨厌的工作，我才有钱吃饭、付房租。不过我想要"两个都要"的念头从来没有动摇过。我也从来没有长期待在一个我不喜欢的工作或行业里。最后，我真的做着自己喜爱的事业，也因此致富了，所以我知道这是可能的，现在我还是继续追求我喜欢的工作和计划。最棒的一点是，我现在有资格教别人如何做到我所做的事。

谈到金钱，没有什么比"两个都要"的想法更重要了。穷人和许多小康阶层的人相信，在金钱和人生的其他方面之间，只能选择其中一个，因此他们把一种立场合理化，口口声声说金钱不比其他事物重要。

让我们厘清一个观念吧。钱太重要了！说它并没有像生活中其他方面的事物一样重要，简直是胡说八道。

钱是润滑剂，它让你可以"滑顺"过生活而不是"紧绷"过生活。钱带给你自由：想买什么就买什么，用自己的时间做想做的事。金钱可以让你享受生活中的美好事物，也给你机会帮助别人满足生活所需。最重要的是，有钱可以让你不必浪费精力担忧自己没有钱。

快乐也很重要——再指出一次穷人和小康阶层与有钱人的思维差别。很多人相信钱和快乐是互相排斥的，有钱就不会快乐，想快乐就不能有钱。这种想法只是"贫穷"的制约。

在各方面都很富有的人知道，你必须两个都要，就像你必须有手臂也有脚，你也必须有钱又有快乐。

鱼与熊掌你可以兼得。

这就是有钱人、小康阶层和穷人的最大差异。

有钱人相信："鱼与熊掌可以兼得。"

小康阶层认为："熊掌太贵了，所以我吃一小片就好。"

穷人说自己吃不起熊掌，所以他们吃鸡肉，但又惦记着自己吃不起熊掌的事，满心疑惑为什么自己"什么都没有"。

致富法则：

有钱人相信："鱼与熊掌可以兼得。"

我问你，如果你不能吃熊掌，那么把熊掌买来对你有什么用处？
你到底该怎么处理它？把它挂起来欣赏吗？熊掌是给人吃的，是拿来
享受的。

二选一的思考方式，也使得人们相信，"如果我拥有多一点，就会
有人少得到一点"，因而形成阻碍。但是这想法也只是出于恐惧心理，
是一种自己打败自己的思考模式。

认为全世界的有钱人拥有了全部的钱，然后不知用什么手法把钱
私藏起来，不让其他人分享，这种想法实在太夸张了。首先，这想法
假定了金钱的供应量是有限的。我不是经济学家，但是就我所见，每
天都有人在印钞票，多少年来，钱的供应量与实际的资产都毫无关系。
所以就算有钱人今天拥有了全部的钱，明天还是会有无数的钱可以
流通。

有这种狭隘思想的人所不了解的还有一件事，就是同样的钱可以
重复使用，为每一个人创造价值。

我要说一个训练课上的例子。我请五个人带一样东西上台来。我
请他们站成一个圆圈，然后把一张面额五美元的钞票给第一个人，要

他向第二个人买一样东西。假设他买的是笔,那么现在第一个人就有一支笔,第二个人就有五美元钞票。现在,第二个人用那张五美元纸钞,假设向第三个人买了一个笔记板,然后第三人用同一张钞票向第四个人买一本笔记簿。我希望你能想象那个画面。同样一张五美元钞票经过了五个不同的人,为每一个人都创造了五美元的价值,而为这一群人总共创造了二十五美元的价值;那一张五美元钞票并没有因为流通、为每个人创造出价值就耗尽了它的价值。

这个道理很明显。第一,钱的价值不会耗尽:几千几万人可以年复一年一再使用同样的钱,它的价值也不会耗光。第二,你拥有的钱越多,你有能力放进那个流通循环的钱也越多,这表示别人就会有更多钱去交换更高的价值。

这一点正好与二择一的思考方式相反。当你有钱并使用它的时候,你和与你一起花钱的人都享受到了这个价值。说白一点,如果你这么担心别人没有钱,想确定他们都得到应得的那一份(讲的一副大家共有财富的样子),那么你就想办法变成有钱人,让你自己可以散播更多的钱。

如果我能有任何可以作为模范的东西,我想应该就是让你看到一个例子:你可以是一个善良、友爱、关怀他人、慷慨又具有灵魂深度的人,而同时还有钱得不得了。我大力建议你,赶紧排除掉"金钱有害"的这个迷思,也别认为你发财之后就会变得没那么"好"或"纯洁"。因为这个想法完全是"鬼扯",而且如果你继续吸收它,你就会变肥,而且是又肥又穷。嘿,这是两者通吃的另外一个例子。嘻嘻。

朋友们,你的钱包里有没有钱,跟你是不是善良、慷慨、有爱心没有关系;这些特质取决于你心里装了什么东西。成为纯洁又有灵魂深度的人,与你的银行存款数字完全无关;这些特质取决于你的灵魂有哪些内容。认为钱会让你变好或变坏,也是一种"二选一"的想法,它只是一种"被制约的垃圾",对你的幸福和成功毫无帮助——对你周围的人也没有帮助,对孩子们尤其没有帮助。如果你那么坚持要当一个好人,那么就行行"好",别让你那些不小心接收下来的有害信念影响了下一代。

如果你真的想要过一种不受限制的生活——不管是哪一种限制——你就要放弃"二选一"的思考方式,维持"两个都要"的意念。

这是我的宣言:

请你把手放在你的心上,说:
"我永远都想'两个都要'。"
现在,摸着你的头说:
"这是有钱人的脑袋!"

像有钱人一样行动

1. 学着采用"两个都要"的思考方法，并制造状况让自己练习做到。不管你面临什么样的选择，都问自己："我要如何两者通吃？"

2. 务必知道：流通的钱可以改进人们的生活。每一次花钱时都对自己说："这笔钱会经过成千上万人的手，为所有人创造价值。"

3. 把自己当作模范生，展现你的善良、慷慨、友爱，以及富裕！

财富档案13

[有钱人专注于自己的净值。
穷人专注于自己的工作收入。]

谈到钱的时候，一般人通常会问："你赚多少？"你很少会听到"你的净值是多少"这样的问题。很少人会这样说话，除了在有钱人出入的俱乐部。

在这类俱乐部里，关于财务的谈话几乎总是围绕净值："吉姆刚刚卖了他的股份，他的净值超过一亿美元。保罗的公司刚上市，他的净值有两亿五千万美元。苏刚刚卖掉她的公司，她的净值是三十五亿美元。"在这里，你不会听到："嘿，你听说乔刚刚加薪了吗？而且外加百分之二的生活津贴。"如果听到这个，你就知道那个人是当天的客人。

致富法则：
真正衡量财富的标准是净值，不是工作收入。

真正衡量财富的标准是净值，不是工作收入。一向如此，将来也永远如此。净值，是你所拥有的全部东西的价值。想知道你的净值有多少，要先把你所拥有的现金数目，你拥有的股票、债券、不动产的现值，以及（如果你自己有事业）你的事业的价值，你自有房屋的现值都加起来，然后扣除掉你的债务，所剩的数字就是你的净值。净值是财富的终极测量标准，因为如果必要的话，你的资产最后可以转化为现金。

有钱人知道工作收入和净值的巨大差别，工作收入很重要，不过它只是决定你净值的四项因素之一。这四项决定净值高低的因素是：

一、收入

二、存款

三、投资

四、简化

有钱人知道，打造高净值的公式包含这四项因素。由于这四项因素都非常重要，所以接下来逐一检视。

收入有两种形式：工作收入和被动收入。工作收入是从实际工作而来的金钱，包括每日工作的薪水，对企业主来说，这还包括事业的获利或收入。工作收入要求你投入时间和劳力以赚取薪水。工作收入很重要，因为若是没有它，几乎不可能产生另外三项净值因素。

可以这么说，工作收入是我们填满财务"漏斗"的方式。假设不论其他条件，照理说，工作收入越多，所能存下与投资的金钱也就越多。然而，尽管工作收入很重要，但它只是财务净值等式里的一环。

不巧的是，穷人和多数中产阶级在这四项因素中只专注于工作收入。因此，他们的净值很低，或者根本毫无净值。

被动收入，指的是你不需要实际工作就能赚到的钱。稍后会仔细讨论被动收入，现在你只要把它想象成填充财务漏斗的另外一条收入支流，而且可以拿来消费、储蓄和投资。

存款也是至关重要的一项。你可能赚了很多钱，但如果你一点都没有保留下来，你绝对无法创造财富。很多人把自己的财富蓝图设计成消费模式，不管有多少钱，一概花光。在立即的享受与长期的平衡之间，他们选择前者。

败家之流有三个座右铭。第一个是："还不就只是钱而已。"所以他们不会有多少钱。第二个座右铭是："失去的还会再回来。"至少他们希望如此——他们还有一个座右铭是："抱歉，我现在不行，我没钱了。"他们不创造收入来填补财务漏斗，也不储蓄，所以根本无法奢谈第二个净值因素。

只要你开始把大部分收入储蓄起来，那么你就可以进入下个阶段，利用投资来赚钱。

一般来说，你越懂得投资，你的钱增长的速度和产生更大净值的速度就会越快。有钱人会把时间和精力用来学习与投资相关的事物，会夸耀自己善于投资，至少善于雇用投资专家帮他们理财。穷人却认为，投资是有钱人才能做的事，所以他们从来不学习，继续过着没钱的生活。

第四项净值因素可以说是一匹"黑马"，很少有人知道它对于创造财富的重要性。它是"简化"。这个因素和储蓄一起作用，让你很自觉地过着一种对金钱需求比较低的生活。减少了生活开销之后，你的存款就能增加，而你能拿来投资的金额就跟着增加。

要说明简化这项因素的威力，我想到课程上一位学员的故事。苏二十三岁那年做了一个明智的抉择：她买了房子。她当时花的钱不到三十万美元，过了七年，房市上扬，苏的房子卖了两倍的价钱，获利超过三十万美元。她考虑再买一套房子，但是在参加了我们的课程之后，她发现，如果她把钱投资在利率百分之十的第二套抵押房屋上，并且简化她的生活，她就可以运用她的投资所得过着很舒服的生活，再也不需要工作。所以她不买新房子，而是搬去与她姐姐同住。现在她三十岁，已经不必担心钱的问题了。她的独立不是靠赚很多钱赢来的，而是靠着她很自觉地减少个人的总开销。她还是在工作，因为她喜欢工作。不过她其实不需要靠工作赚钱了。事实上，一年里她只工作半年，其他时间都待在斐济，这是因为第一，她喜欢那里，第二，她说她的钱在那里赚得更多。因为她和当地人

一起住，而不是像观光客那样住饭店，所以花费不大。你认识几个
人想和她一样，每年可以在一个热带岛屿住半年，而从盛年的三十
岁开始就再也不用靠工作赚钱？苏创造了一种简单的生活方式，所
以不需要花很多钱过生活。

　　想一想你自己，你需要付出什么代价才能在财务上获得快乐？如
果你需要住别墅，拥有三套度假屋，开十辆车，每年环游世界一次，
吃鱼子酱，喝最好的香槟，那也可以，不过你就得把你的标准提到很
高，而且可能要花很长的时间才会获得你要的快乐。相反地，如果
你不需要很多"玩具"就可以开心，那么你达成财务目标的时间会快
得多。

　　再说一次，累积你的净值，需要在四方面努力，这就好像在开一
辆四轮汽车。如果你只用一个轮子，那么开车时也许会走得很慢，不
断颠簸，火星四射，一直打圈圈。听起来很耳熟吧？有钱人用四个轮
子玩金钱游戏，所以他们的车子开得很快，顺畅笔直，而且轻松得多。

　　我用汽车做比喻，是因为你如果成功了，也许会想带着别人和你
一起上路。

　　穷人和大部分中产阶级却只用一个轮子玩金钱游戏。他们相信，
致富只有一个方法，就是赚很多钱。他们如此相信，是因为他们从来
没有成功过，也不了解帕金森定律（Parkinson's Law）："支出永远与
收入成正比。"

在我们社会上有一个常见的现象。你有一辆车，等你赚更多钱之后，你会买一辆更好的车；你有一栋房子，等你赚了更多的钱之后会换一套更大的房子；你有衣服，等你赚更多钱了，你会买更好的衣服；你现在度假，等你赚了更多的钱，你会花更多的钱去度假。事情总有例外……但是我说的这一点几乎没有例外！一般来说，人的收入增高之后，花费一无例外也会增高。这就是为何只凭收入永远无法创造财富。

这本书原书名叫作《千万富翁的秘密》，这个"千万"指的是收入还是净值呢？净值。那么，如果你的目标是达到千万以上，你就必须致力于创造你的净值。就像前面所讨论的，净值的基础除了收入之外还有很多别的。

你要对自己的净值了如指掌。以下这个练习，将会彻底改变你的金钱生活。

拿一张白纸，写上"净值"两字。然后画一个数字表，一端是"0"，另一端是你的净值目标，随便你写多少。然后，写下你目前的净值，三个月后，写下你的新的净值。就这样。持续做下去，你会发现自己越来越有钱。为什么会这样？因为你开始"追踪"你的净值了。

记住：你所专注的事情会扩大。我在训练课上常说："注意力所在的地方，就会有能量流动，也就会出现结果。"

致富法则：

注意力所在的地方，就会有能量流动，也就会出现结果。

追踪你的净值，你的注意力就会集中在它上面，而由于你所专注的事情会扩大，所以你的净值就会扩大。顺带一提，这个定律适用于生活中每一个层面。

为了让你增加净值，我鼓励你去找一位好的财务规划师。专家可以帮助你追踪并累积你的净值。他们会协助你理财，介绍给你许多存钱和生钱的渠道。

想找到好的规划师，最好的办法就是请人推荐，问朋友或合伙人他们现在雇用的优秀理财规划师是哪位。我不是说你要把理财人员所说的每一件事都奉为圣经，但是我建议你，找一个有能力帮助你规划与追踪财务的专家。一个好的规划师可以提供给你工具和知识，并推荐一些可以帮助你增加财富的投资习惯。大致说来，我建议你找一个熟知各种金融产品的理财规划师，而不是只专精于单一投资标的的规划师。如此一来，你就会发现很多选择，再判断其中哪一些适合你。

这是我的宣言：

请你把手放在你的心上，说：

"我专注于创造我的净值！"

现在，摸着你的头说：

"这是有钱人的脑袋！"

像有钱人一样行动

1. 专注于四项构成净值的因素：增加收入，增加存款，增加投资获利，并且借由简化生活方式来降低生活开销。

2. 制作一张净值报表。制作这张表的时候，把你拥有的一切物品的现值（你的资产）都加起来，并减去你的负债总值。每四个月追踪和修改这张财务报表一次。再说一次，根据专注定律，你追踪的东西一定会增加。

3. 雇用一位优秀的理财规划师，与信誉良好的知名公司合作。再次提醒你，最好请教朋友和合伙人，请他们推荐一位理财规划师。

财富档案 14

[
有钱人很会管理他们的钱。
穷人很会搞丢他们的钱。
]

托马斯·斯坦利（Thomas Stanley）在他的畅销书《下一个百万富翁就是你》（*The Millionaire Next Door*）里提到，他搜集了北美的千万富翁的资料，把他们的背景和他们致富的过程做了一番整理，结果可以用短短一句话来说："有钱人很善于管理金钱。"有钱人可以把他们的钱管理得很好，穷人则很不懂得管理他们的钱。

有钱人并不比穷人聪明，只不过有钱人管理金钱的习惯和穷人不一样，而且比较有效。我们在本书第一篇谈到了，我们的金钱习惯大体上都植根于过去的制约。所以首先，如果你没管好你的钱，你很可能是被习惯制约了，变成不会管理钱财的人。第二，可能——而且是非常可能——你不懂得如何用简单有效的方法管理你的钱。我不知道你的情况如何，但是我念书的时候学校并没有开设"金钱管理概论"

这样的课。我们只学了历史、地理那些。

这可能不是最好听的话题之一，但我还是要说：财务成功和财务失败的最大差别，在于你管理金钱的能力。很简单，想要驾驭金钱，首先必须管理金钱。

穷人若不是很不会管理金钱，就是干脆逃避钱这件事。很多人不喜欢管理自己的钱，因为首先，他们说这会限制他们的自由，再者，他们说他们没有足够的钱可以管理。

针对第一个借口，我要说，管理金钱不会限制你的自由，反而会增加你的自由。管理你的钱最终会让你得到财务自由，让你再也不需要工作。对我来说，那才是真正的自由。

至于那些说他们没有足够的钱可以管理的人，其实是用错误的望远镜头在看事情。他们说"等我有了很多的钱，我就会开始管理钱"，而事实是："等我开始管理钱以后，我就会有很多的钱。"

说"等我有钱了，我就会开始管理我的钱"，就好像一个体重超重的人说："等我瘦下十公斤，我就会开始运动和节食。"这就像把马车放在马的前面，根本哪里也到不了，甚至会后退！你要先妥善处理你所有的钱，然后就会有更多的钱可以管理。

在训练课上，我说过一个故事，学员们都觉得是当头棒喝。想象你与一个五岁小孩一起走在街上，你们走进一家冰激凌店，你为小朋友在脆皮甜筒上装了一球冰激凌，因为他们没有杯子。你们走出店外，你发现小朋友的小手上滴满了冰激凌，突然，啪一声，冰激凌从甜筒上掉到了地面。

小孩开始哭，于是你又走回店里，准备再点一份，这时小朋友发现一张"三球冰激凌筒"的照片，指着它兴奋地说："我要那一个！"

问题来了。你是这样一个和蔼可亲、爱心满满又慷慨的大人，你会帮小朋友买这个三球冰激凌吗？你也许马上会说："当然会。"然而，在更深入考虑这个问题之后，大部分的学员都会回答："不会。"因为你为什么要让这个小孩去做会失败的事？单球的冰激凌他都拿不好了，怎么可能搞得定三球的冰激凌？

同样道理，宇宙和你之间也是一样。我们生存在一个慈祥又充满爱心的宇宙里，而它有一个规则："除非你能管理你现有的一切，否则你不会再得到更多！"

致富法则：

除非你能管理你现有的一切，否则你不会再得到更多！

你必须培养出管理小额金钱的习惯和能力，才有机会得到大钱。记住，我们是习惯的动物，所以，你管理金钱的习惯，比你拥有的钱财数目更重要。

致富法则：

你管理金钱的习惯，比你拥有的钱财数目更重要。

那么你究竟要如何管理金钱呢？在课程上，我们会把许多人认为简单得惊人但非常有效的金钱管理方法教给你，但这本书没办法深入讨论所有细节，不过我会提供几个重点，让你开始管理。

财务自由账户

首先，到银行开一个账户，当作你的"财务自由账户"（FFA，Financial Freedom Account）。你每一次收到一笔钱（扣税之后），就把它的百分之十放进这个账户。这笔钱，你只能用来投资和创造被动收入。这个账户的任务，是为你生出一只金鸡母，让它生下一种叫作被动收入的金鸡蛋。你什么时候可以花这笔钱？永远不行！这笔钱永远不能花，你只能投资。等你退休，才可以动用这笔基金为你赚来的钱（鸡蛋），但是你绝对不花本金。这种方式会使得钱持续增长，这样你就永远不会落到身无分文的地步。

我们有一个学员叫艾玛，两年前打算宣告破产；她很不愿意这样做，可是她觉得自己已经走投无路，债务压得她喘不过气来了。然后，她参加了我们的训练课程，学会了管理金钱的方法。艾玛说："就是它让我摆脱了混乱的生活！"

艾玛在课上学到了把自己的钱分开存入几个不同的账户。"哼，真好，"她想，"我根本没有钱可以分开存啊！"不过艾玛有心学习，所以她就从一美元开始计算。没错，一个月一美元。

根据我们的分配方式，她把一美元的十分之一存入她的"财务自由账户"。她一开始的想法是："我一个月存一毛钱，怎么可能达到财务自由呢？"于是她决定从一美元开始，然后每个月要存前一个月的两倍数目。第二个月她存两美元，第三个月四美元，然后八美元，十六美元，三十二美元，六十四美元，到了第十二个月，她存了两千零四十八美元。

两年后，她开始回收了，成果很惊人。她现在有能力直接存一万美元到她的财务自由账户里！她已经养成了良好的金钱管理习惯，所以每当一张一万美元的红利支票到她手上，她根本不会想花它！

艾玛现在已经没有负债，正在财务自由的路上迈进。这全归功于她把所学到的方法付诸实践，即便刚开始一个月只能存一美元。

不论你现在有没有一大笔钱，是不是穷到要当裤子，重要的是你只要开始管理你的钱，你就会很惊讶自己可以那么快就得到更多的钱。

在课程上有另外一个学员说："假如我现在是在借钱过生活，我能怎样管理我的钱呢？"答案是，你就多借一美元，然后管理那一美元。即便你一个月只多借到或多找到几美元，你都要管理好那几美元，因为，有一条大于"物理"世界的法则在运作。这条精神性的法则说：一旦你向宇宙展现出你可以把你的财务管理妥当，就会发生金钱的奇迹。

财务自由罐

　　除了开设一个财务自由账户以外，你还要在家里设立一个"财务自由罐"，每天把钱放进去，金额不重要，十美元、五美元、一美元都好，重要的是这个习惯。这个秘密，是要你把每天的"注意力"放在达成财务自由的这个目标上。钱会吸引更多的钱。让这个简单的钱罐变成你的金钱磁铁，把更多的钱和机会吸进你的生命中，帮助你达成财务自由。

　　我知道，这不会是你第一次听到有人建议你把收入的十分之一存起来，作为长期投资之用，但是这可能会是你第一次听到，你必须有一个同样数目但是用途相反的账户，专门供你"烧钱"和玩乐之用。

　　管理金钱的重大秘密之一，在于"平衡"。一方面，你想多多存钱，用钱来赚更多的钱；另一方面，你也要把收入的另外十分之一放进你的"玩乐"账户。为什么？因为我们人的本性是一个整体，不可能生命中的某一部分受到了影响而其他部分完全不变。有些人会存钱，一直存钱，他们的逻辑和责任感得到了满足，可是他们的"内在灵魂"并不满足，最后，这个生来喜欢"找乐子"的灵魂会说："我受够了。我也要得到一些关注。"然后就摧毁他们辛苦的成果。

反过来看，如果你一直花钱，你不但永远不可能变得富有，而且你内在那个负责任的自己甚至会制造出一个状况，让你不觉得你花钱买的那些事物是享受：你最后会出现罪恶感。这份罪恶感会导致你不自觉地花更多钱，借以表达你的情绪，让你暂时觉得好过一点，但是你很快又会回到罪恶感和羞愧感之中。这是一个恶性循环，只有一个方法可以防止它发生，那就是学习有效的方法，好好管理你的钱。

这个玩乐账户的最大目的，就是让你呵护自己，做一些你平常不会做的事，尤其是那些很特别的事，譬如上餐厅叫一瓶好酒，或是租一艘船一日游，或是挑一家高级的饭店过个奢华的夜晚。

这个玩乐账户的原则是，每个月都要把钱花光——是的，花光。每个月你都要挑一些可以让你觉得自己很有钱的方式，把账户里所有的钱都烧掉。譬如，你可以走进一家按摩中心，把你玩乐账户里所有的钱都倒在柜台上，指着按摩治疗师说："我要你们两个一起帮我做，用热石和小黄瓜，然后，帮我送午餐来！"

这是我说的，挥霍。唯一一个能让多数人贯彻储蓄计划的办法，就是使用一个与储蓄目的完全相反的玩乐计划，以此慰劳我们的努力。

你的玩乐账户也是为了强化你的"接受"肌肉而设计的，而且它把管理金钱变成一件超级好玩的事。

除了玩乐账户和财务自由账户之外，我建议你再开四个账户：

百分之十，存入消费使用的"长期储蓄账户"；

百分之十，存入"教育账户"；

百分之五十，存入"需求账户"；

百分之十，存入"付出账户"。

穷人认为一切都与收入有关；他们认定，必须先赚一大笔钱才会成为有钱人。我要再说一次，这简直是胡说！事实上，如果你按照我建议的方式开始管理你的金钱，你就可以利用一份为数不多的收入达成财务自由。如果你不管好你的钱，你就不可能达成财务自由，就算你的收入很可观。就是因为这样，所以很多高收入的专业人士，譬如医生、律师和运动员，甚至会计师，其实很穷。

重点不在于你赚了多少钱，而是你如何处理你所赚来的钱。

有个学员约翰告诉我，他第一次听到这个金钱管理法的时候：心想："多无聊啊！谁要把宝贵的时间拿来做这种事啊？"但是他在训练的过程中终于明白，如果他将来想要达到财务自由，而且希望尽可能快一点达到，那么他就必须管理他的钱，像有钱人那样管理。

约翰必须学习这个新的习惯，因为这根本不是他生来就会的事。他说这件事让他想起铁人三项的训练。他擅长游泳和骑自行车，但是很讨厌跑步，因为跑步会伤害他的脚、膝盖和背部。每次训练结束他就全身僵硬。跑步时他总是上气不接下气，肺部灼热得厉害，虽然他跑的速度并不快！他向来讨厌跑步，但是他知道，如果他想成为顶尖的铁人运动员，他就必须学习跑步，并接受现实，了解到跑步是成功的必要条件之一。约翰从前逃避跑步，但现在他决定每天都要跑步。几个月之后，他开始喜欢跑步，而且每天都很期待呢。

约翰在金钱管理上也发生同样的情况。一开始，他讨厌所有的动作，但是后来逐渐喜欢上它。现在的他非常期待接到支票，然后就把钱存入不同的账户！他很喜欢看着他的净值从零变成三十万美元，而且每天持续增长。

总归一句话：**不是你控制钱，就是钱控制你。想控制金钱，你就必须管理金钱。**

我很喜欢听到结业的学员来分享他们开始管理金钱之后，对于金钱、成功和自己感到信心大增。这股信心会转入他们生活中的各个层面，提升他们的快乐，增进他们的关系，甚至健康。

致富法则：

不是你控制钱，就是钱控制你。

　　钱是人生中一个很重要的东西，当你开始学习如何控制财务，你生活中的每一层面都会向前跃进。

> **这是我的宣言：**
> 请你把手放在你的心上，说：
> "我是管钱高手！"
> 现在，摸着你的头说：
> "这是有钱人的脑袋！"

像有钱人一样行动

1. 开设一个财务自由的银行账户。把你收入的百分之十（税后）存进去。这笔钱只能用来投资，所产生的被动收入是要让你退休以后使用。

2. 在家中摆一个财务自由罐，每天都放一点钱进去，即使是硬币也好。这可以让你每天把注意力集中在财务自由这个目标上；注意力集中的地方，就会产生结果。

3. 开一个玩乐账户，或是在你家里放一个玩乐钱罐，把每个月收入的百分之十（税后）放进去。另外再开四个账户，存入不同百分比的收入：

百分之十，存入消费使用的"长期储蓄账户"；

百分之十，存入"教育账户"；

百分之五十，存入"需求账户"；

百分之十，存入"付出账户"。

4. 不管你有多少钱，现在就开始管理。不要等明天，今天就开始。就算你只有十美元，也要把一美元放进你的财务自由罐，另外一美元放进你的玩乐钱罐。这个动作会把讯息传送到宇宙中，让宇宙知道，你已经准备要接受更多的钱。

寄件人：克莉丝汀·柯罗瑟
收件人：哈维·艾克

长话短说，哈维·艾克的密集训练课程彻底改变了我与钱的关系，而我的生意在一年里增长了百分之四百。

最重要的是，我先生和我终于"懂了"，把我们每个月的收入先存下百分之十这件事实在太重要了。现在，我很高兴地说，参加了哈维的训练课程至今几年来，我们存的钱，比过去十五年所存的钱加起来还要多！

而且，我们在课程上学到了如何在婚姻中解决财务问题，那些方法使得我们不再"为钱争吵"。

哈维的金钱管理方法很容易上手，而且真的有效！

祝你成功。

财富档案 15

有钱人让钱帮他们辛苦工作。 穷人辛苦工作赚钱。

如果你和大部分人一样，在成长过程中就接受了"必须辛苦工作赚钱"这个观念，那么很可能你并没有同时被灌输另一个同样重要的观念：要让你的钱"为你辛苦工作"。

努力工作无疑很重要，但光靠努力工作绝对不会使你致富。我们怎么知道？看看现实世界里几百万——不对，几十亿的人每天被工作奴役，累得跟狗一样，但是他们都富有吗？不！他们中的大部分人有钱吗？不！他们之中很多人有钱吗？不！大部分人都很穷。但是反过来，你看世界各地的俱乐部里，是谁在享受悠闲呢？是谁把下午时光拿来打高尔夫球、网球或扬帆出海呢？是谁整天购物，一度假就是几个星期呢？我让你猜三次，前两次不算。答案是有钱人，就是他们！所以我们要搞清楚：谁说必须努力工作才能有钱的？胡扯。

以往的新教工作伦理认为："一美元的工作换一美元的酬劳。"这句话没有错，只不过他们忘了告诉我们该如何处理那"一美元的酬劳"。只要懂得如何处理那一美元，你就从辛苦工作迈进聪明工作了。

有钱人可以成天玩耍休息，因为他们都能用聪明的方法工作。他们都了解并使用杠杆原理来让自己省力。他们雇用其他人为他们工作，也让自己的钱为自己工作。

确实，你真的必须努力工作赚钱，但对有钱人来说，这只是暂时的状况。对穷人来说，这却是永恒的。有钱人知道，"你"必须努力工作，直到你的"钱"工作得够努力，能取代你。他们知道，你的钱所做的工作越多，你所需要做的工作就越少。

记住，钱就是精力。大部分人投入精力工作，换得金钱。**在财务上取得了自由的人，学会了用其他形式的精力来取代他们投入工作中的精力。这些精力形式包括：其他人的工作、有效的事业，或是有效的投资。再说一次，一开始你辛苦工作赚钱，后来就让钱为你努力工作。**

谈到金钱游戏，大部分人都不知道，需要什么条件才能赢。你的目标是什么？你什么时候要赢得这个游戏？你的目标是一日三餐温饱，还是年收入十万美元，或是变成千万富翁、亿万富翁？在我们的训练课程上，我们要学员在金钱游戏中设定的目标是"永远不需要再工作……除非你自己选择要工作"，如果你工作，那是"出于选择，而非迫不得已"。

换句话说，你的目标就是尽快达成"财务自由"。我对于财务自由的定义很简单：当你有能力过着你想要的生活，不必工作，不必在金钱上依赖任何人，这就叫财务自由。

注意，你想要的生活方式极可能要花钱。所以，为了"自由"，你必须不工作就赚到钱。想要赢这场金钱游戏，就要做到能赚进足够的被动收入来维持你想要的生活方式。简言之，当你的被动收入大过你的开销，你就达到财务自由了。

被动收入的主要来源有两种。第一种是"让钱帮你工作"。这包括以理财工具进行投资的所得，例如股票、债券、汇市、共同基金，以及拥有抵押或其他会增值的资产，它们能够变换成现金的收益。

第二个被动收入的主要来源，是"让事业为你工作"。这个前提是事业不断产生收益，而你无须亲自参与事业的运作就能接受获利。譬如出租房地产，从书籍、音乐或软件获得的版税，专利所得，成为经销商，拥有储存库，拥有贩卖机或其他投币式的机器，还有直销。这也包括设立任何一种系统化的、不需要靠你就能自行运作的生意。再说一次，这事与能量有关。重点在于，这个生意是为别人工作和创造价值的，而不是为你。

创造被动收入实在是件太重要的事了，我再三强调。道理很简单，

184   有钱人
和你想的不一样   Secrets of
the Millionaire Mind

如果没有被动收入，你永远不会有自由。不过——这是个蛮大的"不过"——你知道人部分人在创造被动收入的过程中会遇到重重困难吗？有三个原因。第一，惯性。大多数人都被灌输了观念不去创造被动收入。读初中高中的时候，你需要钱，爸妈会对你说什么？他们会说"好啊，出去赚点被动收入"吗？大概不会！我们大部分会听到"去找个工作"之类的话。我们被教导成要为钱"工作"，所以被动收入对大部分人来说是不正常的。

第二，大部分人从来没有被教育过如何赚取被动收入。

在我的学校里，另一门没有开设的课程叫作"被动收入概论"。我倒是上了木工和铁工（注意这两门课都有个"工"字），做了个美丽的烛台给我妈。既然我们在学校里从来没学过如何创造被动收入，那我们会在别处学到，对吗？才怪。结果是大部分人对这方面都不太了解，所以也没办法做什么。

最后，因为我们从来不曾接触过、不曾被教导过关于被动收入和投资的事，所以我们从来就不太注意它，而是把大部分工作和事业的重心放在创造工作收入上。如果你很早就知道你最主要的财务目标应该是创造被动收入，那么你会不会早一点考虑选择这类事业呢？

我一向建议大家，要选择那些可以自然而且轻松就能产生被动收入的方向，或者把现有事业调整成这样。这在今天来说尤其重要，因为太多人从事服务业，每天都得亲自工作才有收入。从事服务业不是坏事，只不过假如你没有立刻搭上投资列车，而且成绩傲人，你就会永远被工作绑住。

选择了能够立刻产生或者是最终会产生被动收入的工作机会，你就可以拥有两个世界：先有工作收入，后有被动收入。请往前翻几段再读一遍前面讨论过的几种被动事业收入。

很可惜，几乎每一个人的财富蓝图都被设计成要赚取工作收入，而不是被动收入。这种态度在你参加了我们的训练课程之后将会完全改观。我们会使用实际方法改变你的财富蓝图，让赚取被动收入变成对你来说是既正常又自然的事。

有钱人想得很远。他们把今天的玩乐花费与对明天的投资两相平衡。穷人只想眼前。他们的生活方式是基于立即享受。穷人会使用譬如"我今天都快过不下去了，怎么可能去想明天的事？"之类的借口。问题是，明天会变成今天，如果你不处理好今天的问题，明天你还是会讲同样的话。

为了增加你的财富，你必须多赚一点钱，或是少花一点钱。我没有看到谁拿枪指着你的头，叫你一定要住什么样的房子、开什么样的车、穿什么样的衣服、吃什么样的食物。你有权利自己选择。这是优先顺序的问题。穷人选择现在，有钱人选择平衡。

我想到我岳父岳母。他们经营杂货店二十五年，是简单版的7-ELEVEn，只是规模小得多。他们大部分的收入都是靠卖香烟、糖果、

冰激凌、口香糖和汽水，以前还没有卖彩票。平均每一笔交易的收入
都不到三十美元，简单来讲，他们做的是赚"零钱"的生意。但是他
们把大部分的零头都存了下来。他们不去外面餐厅吃饭，不买绚丽的
衣服，也不开新款的车，住得很简单但舒适，最后付清了贷款，甚至
买下了杂货店所在的商场的一半土地。我岳父五十九岁退休，靠的是
储蓄和用他那些"零钱"所做的投资。

　　我告诉你一个令人不愉快的事实，为了立即满足而购物，只是因
为想要弥补我们对于生活的不满，可是这方式根本无效。而你把你所
不拥有的钱"花掉"，是因为你想"花掉"你所有的情绪。这个症状通
常叫作消费治疗。超支，以及渴望立即得到满足，这两种行为跟你实
际上买了什么东西是无关的，而跟你在生活中缺乏满足感有关。如果
你的超支并不是出于一时情绪，那么它就是来自你的财富蓝图。

　　我们另外一位学员纳塔丽，她的父母是超级"贪小便宜"的人，
买任何东西都要用折价券。她母亲有一个档案盒，里面装满了分门别
类的折价券。她父亲有一辆生锈的十五年老车，纳塔丽很不愿意被别
人看见她坐在那辆车里，特别是她母亲接她放学的时候。纳塔丽一坐
进那辆车里，就开始祈祷不会被别人看见。外出度假，他们家从来没
有住过旅社或饭店，甚至也不搭飞机，而是开十一天的车横越美国，
沿路露营，年年如此！

　　所有的东西都"太贵了"。从他们的行为来看，纳塔丽认为父母很

穷，但是当年她父亲的年收入是七万五千美元，她认为相当多，所以她觉得困惑。

由于讨厌父母的小气行径，她反其道而行，一定要用最高档的昂贵物品。到了她自己在外面住，自己赚钱谋生的时候，她真的完全没有察觉自己马上就会把所有钱花光，然后还觉得不够！

纳塔丽有很多张信用卡和各式会员卡，她把所有卡片都拿来使用，到最后根本无法负担最低金额了，她只好来参加我们的密集训练课程。然后她说，这个课程救了她一命。

在课程中，我们会指出你的"金钱性格"，在这个单元里，纳塔丽认清了为什么她会非要把所有钱都花光不可。因为她很厌恶父母亲的吝啬，也为了向自己和全世界证明她不是像他们一样小气的人。从那堂课开始，纳塔丽的财富蓝图改变了，她说她再也没有冲动想要"胡乱"挥霍了。

纳塔丽说，她最近去购物中心闲逛，发现她很喜欢的一家店在橱窗里悬挂了一件美丽的浅棕色皮草镶麂皮的大衣，她的脑子马上说："你穿上它一定很好看，一定很能衬托你的金发。你需要这件大衣：你缺少一件真正质料很好又很有型的冬天大衣。"于是她走进店里。她试穿的时候，看到标价写着四百美元。她从来没买过这么贵的大衣，她心里想："那又怎样，反正你穿起来很好看！买了吧。以后再把钱赚回来。"

她说，就在这时候，她发现了密集训练课程的影响力有多大。差不多就在她想着要买下来的同时，她心中比较正面的"档案"出现了，对她说："你还是把这四百美元放进你的财务自由账户里吧，这样对你比较有好处！你要这件大衣干吗？你已经有一件了，现在那一件就很不错了。"

不知不觉中，她就把那件大衣放下来，以后再说，而不是像以往一样马上买下来。结果她没有再回去买那件大衣。

纳塔丽发觉，她心里的"物质满足"档案已经被淘汰了，换成了"财务自由"档案。她的财富蓝图已经设计成不让她多花钱了。现在她知道自己可以从父母身上学到最好的经验，把钱存下来，但同时还能用她的玩乐账户买些好东西犒赏自己。

于是纳塔丽请父母来参加课程，让他们的金钱观也能得到平衡。她很惊讶地发现，她父母现在会住旅社了（还不会住高级饭店），也买了一辆新车，并且现在正学着如何让钱为他们工作。他们退休的时候是大富翁。

纳塔丽现在知道了，想成为千万富翁，不必像她父母那样"小气"。但是她现在也知道，如果她和以前一样花钱不经过大脑，那么她永远不可能达到财务自由。纳塔丽说："可以控制我自己的钱和我的心思，这种感觉真奇妙。"

再说一次，重点是要让你的钱为你努力工作，就像你为了钱而努力一样。意思是你必须储蓄，必须投资，而不是立志以花钱为人生目的。好笑的是：有钱人的钱很多，但是花得很少；穷人的钱很少，却花得很多。

这是目光长远或短浅的问题：穷人工作赚钱，是为了今天；有钱人工作赚钱之后，用钱投资，是为了未来。

有钱人买不动产和可能会增值的东西，穷人买消耗品，那些东西一定会贬值。有钱人收集土地，穷人却收集账单。

我要教你一件我也教我孩子的事："购买不动产。"如果买得起一定会产生现金收益的资产，那是最好的。不过我觉得，就算只有一点点不动产也比没有好。当然，不动产的市场有起有落，但是到最后，不管是五年、十年、二十年或三十年之后，我敢打赌它的价值一定会比今天高很多很多，到时候你可能光靠这个就发了。

买你现在买得起的东西。如果你需要一点资金，可以和你很熟而且很信赖的人一起买。购买不动产只有一个麻烦，那就是没有量力而行，或是在不景气时贱价卖出。如果你听了我前面的建议，好好管理你的钱，那么你几乎不会遇到这种状况。记得那句话："不要等着买房地产，要把房地产买下来等。"

先前举了我岳父岳母的例子，为求公平，现在我再说一个我父母的例子。我父母并不穷，不过也称不上有钱。我爸努力工作，我妈身体不好，所以在家里照顾小孩。我爸是木匠，他知道那些雇用他的房地产商现在开发的土地都是很多年以前就买下的，他也知道

他们都很有钱。我爸妈也存钱，聚沙成塔，最后买了一块三亩大的
地，在城郊大约二十英里的地方，花了六万美元。十年后，有个房
地产商打算在我爸妈那块地上盖购物中心，我爸妈于是把那块地卖
了六十万美元。扣掉原来投进去的钱，他们的投资获益平均每年是
五万四千美元，而我爸从他的木匠工作所得的收入是每年一万五千
到两万美元之间。他们现在当然退休了，日子过得很惬意。我敢说，
当年假如没有买卖那块地，他们现在会过得很拮据。谢天谢地，我
父亲知道投资的重要性，尤其是投资不动产的重要性。现在你知道
我为什么要收集土地了吧。

致富法则：

**有钱人把每一美元都视为"种子"，把它种下之后可以多
赚一百美元，再把这些赚到的钱种下，又多回收一千美元。**

穷人把一美元当一美元，用钱换取他们眼前想要的东西。有钱人
把每一美元都视为"种子"，把它种下之后可以多赚一百美元，再把这
些赚到的钱种下，又多回收一千美元。想想看，你今天花的每一美元，
其实是花掉了你未来的好几百美元。我个人把我的每一美元都看成投
资"尖兵"，而它们的任务是"获得自由"，我不会轻易让它们离开。

关键就在于学习。去了解投资的世界，熟悉各种不同的投资管道

和财务工具，例如不动产、抵押、股票、债券、汇市等等；然后，从中选择一个领域，变成那个领域的专家。开始投资那一块，之后再转进其他的投资。

总归一句话：穷人努力工作，而且把所有钱都花光，造成他们必须永远努力工作。有钱人努力工作，储蓄，然后把钱拿来投资，好让他们以后永远不必工作。

这是我的宣言：

请你把手放在你的心上，说：

"我的钱为我努力工作，帮我赚更多更多的钱。"

现在，摸着你的头说：

"这是有钱人的脑袋！"

像有钱人一样行动

1. 学习。找一堂投资的课程来上。一个月至少读一本投资理财书籍，阅读理财杂志，譬如《钱》（*Money*）、《福布斯》（*Forbes*）、《巴伦周刊》（*Barron's*）以及《华尔街日报》（*Wall Street Journal*）。我没有要你听从杂志上的投资建议，而是要你知道外面有哪些理财的选择，然后挑一个领域深入研究，成为专家，再进入那个领域进行投资。

2. 把你的焦点从"主动"收入转向"被动"收入。列出至少三种你可以不工作就创造收入的方式。开始去研究，然后采取行动，实施这些策略。

3. 不要等着买房地产，要把房地产买下来等。

财富档案16

> **有钱人就算恐惧也会采取行动。**
> **穷人却会让恐惧挡住他们行动。**

前面我们谈过"实现程序"，现在来复习一下这个公式：

想法产生感觉，感觉产生行动，行动产生结果。

世上几百万人"想"变成有钱人，成千上万人用确认信念、想象画面和冥想等等方式来把自己想成有钱人。我几乎天天冥想，但我从来不会光坐在那儿就以为钱会从天上掉下来砸在我头上。我想，我只是很多必须实际做一点事才能成功的可怜人之一。

确认信念、想象画面和冥想等等都是很棒的工具，不过我觉得不可能单靠其中一项就真的有钱出现在你面前。在现实世界里，你必须"行动"才能成功。为什么行动这么重要？我们回到"实现程序"，看一看想法和感觉是怎么回事，它们是属于内在世界还是外在世界的东西？是内在世界。至于结果，它属于内在世界还是外在世界？外在世界。所以意思就是，行动是内在世界和外在世界之间的"桥梁"。

致富法则：

行动是内在世界和外在世界之间的"桥梁"。

行动既然这么重要，那么是什么让我们明明知道行动非常重要却不敢前进呢？

是恐惧！

恐惧、怀疑和忧虑，是大大阻碍了成功和快乐的几项重大因素。因此，有钱人和穷人之间的最大分别就是：有钱人在恐惧之中还会行动，穷人却因为恐惧而裹足不前。

针对这个题目，苏珊·杰菲斯（Susan Jeffers）写了一本很棒的书《战胜内心的恐惧》（*Feel the Fear and Do It Anyway*）。大多数人所犯下的大错，都是要等待恐惧感渐渐消退或完全消失之后才愿意采取行动。这些人，通常会等一辈子。

我们的课程中有一项很受欢迎，"启蒙战士训练营"。这个训练营让学员知道，真正的战士可以驯服这条叫作"恐惧"的眼镜蛇。不是要把这条蛇杀了，不是把它摆脱掉，当然也不是从眼镜蛇面前逃开，而是"驯服"眼镜蛇。

致 富 法 则：

真正的战士可以驯服这条叫作"恐惧"的眼镜蛇。

你务必了解，不必把恐惧除掉也能成功。有钱人和成功的人都会恐惧，也都会有疑虑，有担忧，但他们不会让这些感觉阻碍自己。可是那些得不到成功的人，一旦有了恐惧、怀疑和忧虑，就会让这些感觉妨碍自己。

我们是习惯的动物，所以我们需要练习如何带着心中的恐惧、怀疑、担忧、不确定、不方便、不舒服还能采取行动，甚至练习着在没有心情行动的时候也可以行动。

致 富 法 则：

不必把恐惧除掉也能成功。

我曾在西雅图主讲一个夜间研习会，讨论即将结束时，我告诉听众，马上有一个三天的密集训练课程在温哥华举办，这时有一位老兄就站起身说："我的家人和朋友里面有十几个人参加过这个课程，结果实在是太不可思议了。每一个人都比以前快乐十倍，也都走上了财务成功之路。他们都说，这个课程会改变人的生命，如果你在西雅图也开课的话，我一定会去。"

　　我感谢他分享这个范例，然后问他是否准备接受一些训练了。他点了头，我说："我只有三个字要给你。"他很高兴地问："是什么？"我简洁地回答他："你很穷！"

　　然后我问他的财务状况。他怯怯地回答："不是太好。"我说："你看吧。"然后我开始在学员面前狂吼，"如果三小时的车程，或三小时的飞机，或三天的路程就挡住了你去做你需要做的、也想要做的事，那么还有什么可以拦住你？答案很简单：什么都可以！任何事都可以拦住你。不是因为这个挑战很大，而是因为你太小！"

　　"这很简单，"我接着说，"你是要当一个会被事情拦住的人，还是一个什么都挡不住的人，你自己选择。如果你想要创造财富或在其他事上得到成功，你就必须成为战士。你必须愿意不计代价，必须把自己'训练'成一个不会被任何事情阻挡的人。"

　　我说："成为有钱人不是那么方便、那么容易的事，可能是相当困难的事。但那又如何？启蒙战士的法则之一这么说了：如果你只愿意做轻松的事，人生就会困难重重。但如果你愿意做困难的事，那么人生就会变得轻松。有钱人不会以简单便利作为行动或不行动的依据，那种简单便利的生活，是保留给穷人和大部分的中产阶级的人去过的。"

致富法则:

如果你只愿意做轻松的事,人生就会困难重重。但如果你愿意做困难的事,那么人生就会变得轻松。

训话结束,鸦雀无声。

会后,这位引发训话的老兄走向我,彬彬有礼地感谢我为他"开光点眼"。他当然注册了课程(虽然远在温哥华)——好笑的是,我离开会场时不小心听到他在打电话,语气热烈地把我刚才讲的话一字不漏对着电话那一端的人说。我猜他这一招奏效了,因为隔天他打电话来,追加了三个人报名,这些人都是住东岸的!

谈过了方不方便之后,关于不舒服又该怎么说呢?为什么就算觉得不舒服还是要行动?因为,"舒服"就是你现在所在的位置。如果你想要移动到新的生命层次,就必须突破你的舒服区域,尝试一些你觉得不太舒服的事。

假设你现在过着第五级的生活,而你想要提升到第十级。第五级之下是你的舒服区域,而第六级以上则是你不熟悉的范围,是你的"不舒服"区域。换句话说,想从第五级的生活爬升到第十级,你必须走过你的不舒服区域。

穷人以及大部分的小康阶层,不愿意体验不舒服的状态——他们人生中最重要的事就是舒服。但是我要告诉你一个有钱人和高度成功人士才知道的秘密：大家对于舒服这件事所给的评价实在太高了。舒服的状态会让你觉得温暖、模糊而安全，但它不会让你成长。你唯一能成长的时机，是在你踏出了你的舒服区之后。

让我问你一个问题。你第一次尝试新事物的时候，感觉舒服还是不舒服？通常是不舒服吧。但是后来呢，你尝试过多次之后，你就觉得它越来越舒服了，对不对？就是这样。**一切事物在刚开始时都是不舒服的，但如果你坚持下去，最后就会穿越不舒服的区域，达到成功。**然后你就会拥有一个新的更扩大的舒服区域，也就是说，你会变成一个"更大"的人。

再强调一次，你只在一种状况下是真正在成长的，那就是你觉得不舒服的时候。

从现在开始，每当你感觉不舒服了，不要退回你原来的舒服区，反而要为自己加油，说："我现在一定是在成长。"然后继续往前进。

致富法则：

你只在一种状况下是真正在成长的，那就是你觉得不舒服的时候。

如果你想变得有钱、得到成功，你最好要习惯"感觉不舒服"这

件事。带着自觉，练习走进你的不舒服区域，做一些令你自己感觉害怕的事。以下这个等式，希望你在往后的人生中一定要记住：

CZ=WZ。（Comfort Zone=Wealth Zone）

你的"舒服区"等于你的"财富区"。

假如你能扩大你的舒服区，你就会扩大你的收入和财富区。假如你想要得到更多的舒服，你所冒的险就会比较少，得到的机会比较少，遇到的人比较少，新的尝试也比较少。懂我意思了吗？你越是以舒服为选择事物的考虑点，你被恐惧约束的程度就越高。

相反地，当你愿意伸展你自己，你就扩大了自己的机会区域，而这就能让你吸引更多的收入和财富。再者，当你拥有了一个很大的"容器"（舒服区），宇宙就会冲进来把那个空间填满。有钱和成功人士的舒服区很大，而且他们一直在扩大这个区域，以便取得并留住更多的财富。

绝对不会有人因为不舒服而死去。但是以舒服之名而活着，比什么都更会扼杀新点子、机会、行动和成长。舒服是一个杀手！如果你的人生以舒服为目标，那么我向你保证两件事：第一，你永远不会成为有钱人；第二，你永远不会快乐。活在半冷不热的状况里，幻想一切有所不同，这样是不可能快乐的。快乐，来自我们让自己顺其自然去追求成长，并且充分发挥自我潜能。

试一试吧，下次你觉得不舒服、不确定或者害怕的时候，不要缩起来躲进安全区，而要大胆挺进。要注意并体验不舒服的感觉，知道它只是一种感觉罢了，而它没有能力阻挡你。如果你不顾不舒服的感觉硬着头皮继续前进，你最后一定就能达成目标。

不必管不舒服的感觉会不会消失，就算它真的消失了，也要把它当作讯号，表示你应该把目标再扩大一些，因为你一旦感觉舒服了，你就停止成长了。然后，为了让自己达到最大幅度的成长，你必须永远活在你的"容器"边缘。

而且正因为我们是习惯的动物，所以我们必须多多练习。我要你练习在面对恐惧的时候采取行动，在不方便的时候采取行动，在不舒服的时候采取行动，还要练习在你没有心情行动的时候也能采取行动。这样一来，你很快就会进入更高层次的人生。此外，练习的过程中要沿路检查你的银行账户，我保证它也会增长迅速。

我在课程上讲到这里的时候都会询问听众："请问谁愿意练习在觉得恐惧和不舒服的时候采取行动？"通常每一个人都会举手（他们可能很害怕我找他们的麻烦）。然后我说："说得容易！我们来看看你是不是认真的。"

接着，我便拿出一根木箭，它的前端有个钢质的箭尖。我对学员说，你们必须用喉咙把这支箭折断。我先示范如何让钢尖抵住喉咙最软的部分，叫另外一个人把手心张开，撑着箭的一端，你直接冲着箭头走去，在它刺穿你的脖子之前用喉咙把它折断。

这时，多数人都被吓坏了！有时候我会询问有没有人自愿上来做练习，有时候我会把箭头递给每一个人。曾经有一次课上有一千个听众把箭折断！

这个挑战可能完成吗？可能的。很可怕吗？当然。不舒服吗？那还用说。但是，不要让恐惧和不舒服的感觉阻碍了你。要练习着把自己训练成可以付出一切代价，练习着采取行动，不管面前是什么东西挡着。

大部分人都能把箭折断吗？可以，只要带着百分之百的意愿走向箭头，就可以折断它。然而那些慢慢走向它，漫不经心或毫不在乎的人，则无法把箭折断。

做了这个练习之后，我问大家："请问谁觉得这支箭其实比想象中容易折断？"所有人都同意，它实在比想象中容易得多。为什么会这样？以下你将会听到你这辈子所听到的最重要的教训之一：

你的心，是有史以来最伟大的连续剧编剧。它会编造出令人难以置信的故事，根据戏剧和灾难的原则，编织出从来没有发生过、可能永远不会发生的事情。作家马克·吐温说得最好："我这辈子有过几千个问题，其中大部分从来没有真正发生。"

你务必了解一件事：你不等于你的心灵。你比你的心灵更大，也更强。你的心灵只是你的一部分，就像你的手只是你的一部分。

有一个问题很引人深思：如果你的手就像你的心灵，那会如何？它会到处乱摸，老是在打你，而且从来不闭嘴。这时你该怎么办？大部分人会回答："把它砍掉！"但你的手是很有用的工具，何必砍掉它呢？真正的答案当然是，你要控制它，管理它，训练它为你工作，而不是跟你唱反调。

就追求成功和快乐来说，你最应该学习的技巧，就是训练并管理你自己的心。而这正是这本书在做的事。

致富法则：

就追求成功和快乐来说，你最应该学习的技巧，就是训练并管理你自己的心。

如何训练你的心灵呢？一开始，要先观察。注意你的心是如何不断产生那些对你的财富和快乐没有好处的想法的。你只要认出了这些想法，就可以用很清醒的方式把这些会削弱你力量的想法去掉，换成那些可以增强你力量的想法。你上哪儿找这些可以增强力量的思考方式呢？就在这本书里。本书的每一个宣言，都是可以增强你的力量的思考方式。

把这些思考、生活方式和态度养成习惯，变成你自己的。你不需要等待谁给你一张邀请卡才做，现在就开始采用本书所描述的思考方式，不要再维持过去那些自暴自弃的心理习惯，你的人生就会好转。

做个决定，从现在开始，你不会让你的想法控制你，而是你会控制你的想法。从现在开始，你的心思不再是你这艘船的船长，你才是船长，而你的心灵是在帮助你工作。

你可以选择自己要怎么想。

你天生就有能力把任何不支持你的想法给取消掉，你随时可以做到。你也可以随时把能赋予你力量的想法安装到脑子里——方法很简单，只要把注意力集中在那些想法上就可以。你有能力控制你的心灵。

我的一位好朋友，畅销书作家罗伯特·艾伦在我的训练课上说了一句意义深刻的话："你脑子里没有一个想法是不必付房租的。"

这话的意思是说，你要为负面的想法付出代价。你会付出金钱、精力、时间、健康和你所在层次的快乐程度。如果你想要及早晋升到新的生命层次，你就要开始把你的想法分成两种：一种是可以增加你力量的，一种是会减弱你力量的。观察你的想法，判断它对于你的快乐和成功有没有益处。然后只注意那些会增加你力量的想法，不再专注于那些会减弱你力量的想法。每当你脑子里出现一个不具支持力量的想法，就说"取消它"，或是"谢谢你让我知道这件事"，然后就换成其他更具鼓励作用的思考方式。我把这个方法称作"强力思考法"。请把我的话听进心里，如果你练习这个方法，你的人生会从此不同。我敢保证！

"强力思考法"和"正面思考法"之间，有什么差别呢？这两者的差别很小，但是意义很不一样。对我来说，人们使用正面思考的时候，是假装一切美好，但他们心中并不真的这么认为。可是，使用强力思考法的时候，我们很清楚地知道，每一件事都是中性的，事情的意义都是我们赋予它的，所以我们要编一个故事，给予它一些意义。

采用正面思考时，人们相信他们的想法是真实的。可是，强力思考法会让我们知道，我们的想法都不是真实的，既然要编故事，不如编一个可以支持我们的故事。这么做不是因为我们的新想法绝对是真的，而是因为这些新想法对我们比较有好处，让我们感觉好很多。

最后，我必须提出警告：不要在家里练习我前面提到的断箭的动作。那个练习必须经过特殊设计，否则可能会伤害自己或身边的人。我们在课程上会使用保护措施，如果你对这一类的突破练习感兴趣，请上我们的网站看一看启蒙战士训练营的介绍。

这是我的宣言：

请你把手放在你的心上，说：

"我就算恐惧也要采取行动！"

"我就算怀疑也要采取行动！"

"我就算不方便也要采取行动！"

"我就算不舒服也要采取行动！"

"我就算没有心情也要采取行动！"

现在，摸着你的头说：

"这是有钱人的脑袋！"

像有钱人一样行动

1. 列出三个你与金钱和财富有关的最大的忧虑、困扰或恐惧。向它们挑战。你所害怕的情况是什么？把它们写下来。这些情况如果真的发生了，你会怎么做？你还能生存吗？你能东山再起吗？很可能答案是可以。所以，别再担忧了，开始变成有钱人吧！

2. 练习走出你的舒服区，故意做一些会让你感到不舒服的决定。跟一些你平常不会交谈的人说话，找老板加薪，或是提高你的服务价格，每天早起床一个小时，晚上去树林里散步。欢迎来接受我们的启蒙战士训练，它会把你训练得所向无敌！

3. 运用"强力思考法"。观察你自己和你的思考模式，只接受那些会支持你得到快乐和成功的念头。挑战你脑子里那个老是说"我不行"或"我不要"或"我不喜欢"的声音。不要让这种源自恐惧、一心想要舒服的声音得胜。与自己约定，不管何时，只要那个声音试图阻挠你去做某件可以帮助你成功的事，你就偏要去做，要让你的心灵知道，主人是你，不是它。这样一来，你可以大幅增强自信，这个声音会变得越来越安静，最后，对你丝毫不起作用。

哈维：

我是安德鲁·威尔敦，今年十八岁，刚刚念完大一。两年前我参加了你的"有钱人脑袋密集训练课程"之后，我就一直采用在课程里学到的方法。

今年二月学校放假时，我的朋友不是去打工就是回家探亲，但是我用了从你的方法中所存下来的钱，去西班牙南部海岸度了十天的假。真过瘾！

如果我没有实地运用我在你课程上学到的方法，我绝对不可能拥有金钱上的自由，去我想去的地方，做我想做的事。

谢谢你，哈维。

财富档案 17

[有钱人持续学习成长。
穷人认为他们已经知道一切。]

在我的课程一开始，我会向大家介绍"最危险的三个字"，也就是"我知道"。那么，你该如何知道你是不是真的知道？很简单。如果你在生活中体验过它，你就会知道，否则你就只是听说，读到，或是在嘴上谈论过，但是你不知道它。说白一点，如果你不是真正有钱，不是真正快乐，那么关于钱、成功和人生，你极可能还有很多需要学习的东西。

我在本书一开头说过，我在"穷途末路"的那段日子，很幸运获得一位富翁朋友的建议，他对我的处境有点同情。记得他告诉我的话吗："如果你不像你想要的那么成功，那么就是有些事情你还不知道。"幸好我用心采纳了他的建议，从一个"什么都知道"的人，变成"什么都要学"的人。从那一刻起，一切都改变了。

穷人常常试图证明他们是对的，他们戴上一副什么都懂的面具，说什么他们的贫穷或奋斗只是因为运气太坏、老天哪里出了错。

我的名言里有这么一句："你可以是对的，你也可以是有钱的，但你不会两者都是。"所谓"对的"，意思是你非要坚持过去的思考和生活方式不可；可是很不幸，正是那些东西造成你目前的处境。这个道理也可以用来描述快乐："你可以是对的，你也可以是快乐的，但你不会两者都是。"

致富法则：

你可以是对的，你也可以是有钱的，但你不会两者都是。

名作家吉米·罗恩（Jim Rohn）说过一句话非常有道理："如果你继续做你从以前到现在一直在做的事，你就会继续得到你一直以来所得到的东西。"你已经知道了"你的"方式，所以你现在需要知道新的方式。所以我要写这本书，目的就是在你原有的认识之外，为你增加一些新的心灵档案。新的档案指的是新的思考和新的行动，它们会带来新的结果。

这就是为什么，持续学习和成长是如此重要的事。

物理学家认为，世界上没有东西是静止不动的。每一个活着的东西都不断在改变，以一株植物来说，如果它停止生长，它很快就会死掉。人和其他生物一样：不成长，就会死亡。

我喜欢哲学家埃里克·霍弗（Eric Hoffer）说过的一句话："学习者将会继承地球，而有学问的人将会优雅地住进一个不再存在的世界。"换句话说，如果你不继续学习，你就会被抛在后头。

穷人说教育实在太昂贵，自己没有时间没有金钱。但是，有钱人会对富兰克林的话表示赞同："如果你认为教育很昂贵，请试一试无知的代价吧。"我相信你听过"知识就是力量"这句话，这里说的力量，是指行动的能力。

我在我的密集训练课程上发现了很有趣的现象。会说"我不需要上这个课""我没有时间"或"我没有钱"的，都是没钱的人。而有钱的富翁们却会报名，说："如果我能学到一样东西，或者有一点进步，那么这个课程就值得了。"说到这里顺便提一下，如果你没有时间做你想做的或需要做的事，你很可能就是现代版的奴隶；如果你没有钱学习成功之道，那么你可能比任何人都需要学它。很抱歉，"我没有钱"实在不成理由。请问你什么时候才会有钱？一年后，两年后，或是五年后，你会跟现在有什么不同吗？不会！几年后你还是会说同样的话。

你只有一个方法能让自己获得想要的金钱，那就是你要从内心到外在都学习如何玩金钱游戏。你必须学习各种增加收入、管理金钱和有效投资的技巧和策略。什么叫作神经病呢？就是你不断做同一件事，却期待能有不同的结果。听好，如果你一直在做的事是有效的，那么你早就又有钱又快乐了。你脑子里那些反应只不过是你的借口或强词夺理的说法。

我不愿意扯破脸，但是我必须这样做，这是我的工作。我相信，一个好的教练对学员的要求永远会比学员对于自己的要求来得更高，否则你干吗需要一个教练？身为教练，我的目标就是训练你，启发你，鼓励你，诱哄你，而且让你看见，清清楚楚地看见，究竟是什么在阻碍着你。总之，我就是要尽一切努力把你推上新的生命层次。如有必要，我会把你彻底拆解，再重新组装；我会想尽办法让你快乐十倍，有钱一百倍。如果你要找天下最乐观的人，别来找我；如果你想要快速前进而且不断前进，那么，找我就对了。

成功是一种学得来的技术。你可以通过学习来让自己成功，任何事情都可以。你可以学习成为一个厉害的高尔夫球选手；你可以学习成为一位伟大的钢琴家；你可以学习成为一个真正快乐的人。如果你想要变得有钱，你也可以学着做到。不管你现在位于人生的哪一个阶段，也不管你从哪个地方开始，重要的是你愿意学习。

很多人都知道我说过这句话："每一位大师都曾经有过失败。"举个例子。不久前我的课上来了一位奥运滑雪选手，听到我说这句话，他站起来说他有话想讲。他的态度很坚决，我以为他会对我的话提出强烈的反对，结果不是。他说，他小时候是他们一群好朋友当中滑雪技术最烂的一个，他们有时候根本不找他一起滑雪，因为他的速度太慢了。为了打进朋友圈子里，他每个周末一大早就上山练习，还去上课。很快，他不但跟上了朋友们的水准，还超越了他们。后来他参加俱乐部，向一流的教练学习。

他是这么说的："也许现在我是一个滑雪大师，但我刚开始真的是个失败者。哈维说得非常有道理，你可以通过学习来让自己成功，我学会了滑雪，我成功了。我的下一个目标就是在钱这件事上获得成功！"

致富法则：

每一位大师都曾经有过失败。

没有人一出生就是理财天才，每一个有钱人都是经由学习才知道如何在金钱游戏里获胜，所以你也可以。记住这个座右铭："如果他们做得到，我也可以！"

变成有钱人这件事，跟金钱上的实际收获没有那么大的关系，跟你为了致富而在性格上和想法上变成了什么样的人比较有关。我想让你知道一个只有很少人知道的秘密：可以**最快让你变得有钱而且守住钱的方式，就是努力发展你自己！**这个概念是让你成长为一个"成功"

的人。况且，你的外在世界是你内在世界的反映。你是根源；你所得
到的是果实。

　　我很喜欢一句话："不管你到哪里，你都带着自己。"**如果你
让自己成长为一个成功的人，拥有强健的性格和心智，你自然就会
在你所做的任何事上都得到成功。你会有力量做出清楚的决定；你
会有能力选择你要的工作、事业或投资领域，而且知道自己一定会
成功**——这段话是本书的精华所在。当你位于第五级，你就会得到
第五级的结果；但是等你成长到第十级之后，你就会得到第十级的
结果。

　　但是，请留心一个警告：如果你没有做内在的功课，但是赚了一
大笔钱，这很可能只是你一时幸运，而你很可能会失去它。可是，如
果你成长为一个真正成功的"人"，那么你不但能得到财富，还可以保
有它，使它增长，而且，你会真心觉得快乐。

　　有钱人了解，成功的顺序是：**成为 ➞ 去做 ➞ 拥有**。

　　穷人和小康人士却认为，成功的顺序是：拥有 ➞ 去做 ➞ 成为。

　　穷人和大部分小康人士以为："如果我有了一大笔钱，我就能做我
想做的事，然后我才成为一个成功的人。"

　　然而有钱人却认为：**"如果我成为一个成功的人，我就能够做我想
要做的事，得到我想要的一切，包括财富。"**

　　这里要说一件有钱人才知道的事：创造财富的目标，主要不在于

拥有一大笔钱；创造财富，是为了帮助你成长为你所能成为的最佳的你。事实上，这是目标中的目标，让你自己成长为一个"人"。曾经有人问国际知名歌手麦当娜，为什么她要年年改变她的造型、音乐和风格。她回答，音乐是她表现"自我"的方式，每年不断创新自己，可以强迫她成长为她想要成为的那种人。

简言之，成功问的不是"什么"，而是"谁"。往好处想，你是"谁"，是完全可以训练和学习的。我应该知道，我不可能是完美的，甚至跟完美沾不上边，但是当我看着今日的我，对照二十年前的我，我看到了当时的"我和我的财富"（或者说没有财富）与现在的"我和我的财富"之间的直接关联。我是靠着学习而得到成功，你也可以。这也是我今日从事教育训练这一行的原因。我从自己的经验中知道，人人都可以经由训练获得成功。我通过训练得到成功，至今也给了数万人关于成功之道的训练。训练确实有效！

有钱人和穷人、小康阶层之间还有另一个很关键的差别：有钱人是他们那个领域的专家，小康阶层在所处领域里的表现平庸，穷人在他们那个领域里的表现很糟糕。看看你自己，在你的行业中，你有多行？在你的工作中，你有多棒？你的事业表现可好？你想用完全中立的方法得知自己多厉害吗？看看你的薪水吧，它说明了一切。很简单：想得到最高的薪水，你必须是最好的。

在职业体育界可以清楚看到这项法则。一般而言，每一种运动里最顶尖的运动员会拿到最高的酬劳。他们同时也能赚取最多的代言收入。同样的原则在商业界和金融界一样成立。不论你是老板、专业人士还是从事其他工作，不论你拿的是佣金还是固定薪水，不论你投资的是不动产、股票还是其他任何项目，假设不论其他特殊条件，我们可以这么说：你越厉害，就赚得越多。这也可以说明，为什么持续学习、增进专业技能是非常重要的事。

致富法则：

想得到最高的薪水，你必须是最好的。

谈到学习，值得注意的是，有钱人不但能持续学习，他们还一定要找那些曾经走过他们想要走的路的人，向其学习。对我来说，对我影响最大的是我的学习对象。我一向坚持向各领域中真正的大师学习，我不会去找那些宣称自己是专家的人，而是去找那些可以用实际成果证明他们能力的人。

有钱人会向比自己更有钱的人请教。穷人则向朋友寻求建议，但朋友跟他一样穷。

我最近与一位投资银行家见面，他想跟我做生意。他建议我放几十万美元在他那边当投资资金。然后他要我把我的财务状况寄给他，以便他可以给我一些建议。

我看着他的眼睛说："不好意思，这个做法是不是有点反了？如果你要我聘请你帮我管理我的钱，那么你先把你的财务状况寄给我看，这样是不是比较妥当？如果你不是真的很有钱，那就不用麻烦了！"这个人吓坏了。我想没有人像我这样，要先确定他的净值是符合条件的，才要托他代为投资。

实在荒谬。如果你想攀登喜马拉雅山，你会聘请一个从来没有登顶经验的人当导游，还是找一个已经登顶好几趟、经验丰富的人呢？

所以，没错，我确实是在建议你，认真看待学习这件事，并且持续学习，同时还要注意向谁学习、向谁寻求忠告。如果你是向很穷的人学习，就算他们是顾问、教练或规划师，他们能教你的也只有一件事：如何变穷！

我大力建议你，雇用一位"成功教练"。一个好的教练会盯着你去做你说你想要做的事。有些教练是"生命"教练，他们可以处理所有的问题，而其他教练可能只有特定专长，专精的是专业表现、财务、商业、人际关系、健康或精神灵性等的其中一两项。你要了解你想找来当教练的人是什么背景，务必确定此人在你所重视的这个领域中曾经成功过。

就像攀登喜马拉雅山是有几条路径的，世上也有一些经过证明的途径和策略，可以让你创造高收入、快速达到财务自由、获得财富，而你必须愿意学习并使用这些方法。

　　另外，我们训练课程中有一个金钱管理的方法，我强烈建议你把收入的百分之十放进教育基金账户，用这一笔钱去上课，买书或有声书，或用在其他的教育课程上。不论你是经由正规的教育体系继续求学，或者是去私人的公司上训练课程，或是找人进行一对一的教学，这个基金都可以让你始终有能力学习和成长，而不是一直把那句"我已经知道了"挂在嘴上。你学得越多，赚得就越多……而且你可以把那些带去银行！

这是我的宣言：

请你把手放在你的心上，说：
"我致力于持续学习和成长！"
现在，摸着你的头说：
"这是有钱人的脑袋！"

像有钱人一样行动

1. 努力追求成长。每个月至少读一本书,听一卷教育性的有声书,或是去上一堂关于金钱、商业或个人成长的课程。这些将会让你的知识、自信和成功凌空飞翔!

2. 考虑聘请一位私人教练,帮助你走在轨道上。

3. 参加我们的密集训练课程。这堂神奇的课程改变了数十万人的生命,它也会改变你!

现在我该做什么？

现在，你该做什么？该从哪里开始？

我说过了，而且我会一再地说："光说不练是没有用的。"我希望你读这本书的时候觉得很愉快，更希望你能运用书里的法则，让你的人生产生戏剧性的变化。然而，光靠阅读并不会带来你所寻求的改变。阅读只是个开端，如果你要在现实世界里得到成功，唯有采取行动才算数。

在本书第一篇，我介绍了"财富蓝图"这个概念。它非常简单：你的财富蓝图会决定你的金钱命运。你务必把我针对语言设定、模仿和特殊事件等主题所建议的练习都做过一遍，好让你开始把你的蓝图转变成可以支持你在金钱这件事上得到成功。我也鼓励你练习我所建议的那些宣言，每天都做。

在本书第二篇，你学到了十七种有钱人不同于穷人及中产阶级的思考方式。我建议你每天用大声宣告的方式把这些"财富档案"背起来，让这些法则深植于你的脑海。你会发现，自己看待人生的方式变得非常不一样，尤其是看待金钱的方式与以往大不相同。而后你就能够做出新的选择和决定，进而产生新的结果。为了加速这个过程，你务必把每一个财富档案后面所提供的行动练习都做一遍。

这些行动练习非常重要。为了达成恒久的改变，你必须是从细胞开始改变，也就是你的大脑线路必须重新设定。这表示你必须付诸行动，不能只是阅读而已，也不能只是谈论或者只思考它而已，而要真正实践。

小心你脑子里面那个微小的声音，它会说出类似"练习个鬼，我不需要练习也没有时间练习"这样的话。是谁在说话？是你那被旧习性制约了的心灵！它的目的是要让你停留在原地，在你的舒服区域里。你不要听它的。赶快采取行动，快去练习，说出你的宣言，然后就能看着你的人生一飞冲天！

我也建议你，在接下来的一年里，每个月把这本书从头到尾再读一次。"什么？"你的小声音可能会尖叫，"我已经读过这本书了，为什么还需要重复读好几遍？"好问题，答案也很简单：重复为学习之母。而且，你越是研究这本书，这些概念就会越快变成你自然而然的习惯，不假思索的行动。

一定要上 www.millionairemindbook.com 网站逛逛，点选"免费图书

红利"（FREE BOOK BONUSES），你将会获得几项非常有价值的礼物，
包括：

> 一张适合打印成表框的宣言清单；
> 有钱人的"每周思考"；
> 有钱人的"行动提醒"；
> 有钱人的"净值追踪报表"；
> 属于你的"致富承诺"。

　　我起步比较早，靠着学习达到成功，所以现在轮到我来帮助别人了。我给自己设定的使命如下："教育并启发他人活出'更高的自我'，他们那基于勇气、目标、欢乐，而非出于恐惧、需求、义务的自我。"

　　好了，差不多就这样了。谢谢你花时间阅读这本书。祝福你能拥有惊人的成功和真正的快乐。期待很快能有机会与你见面。

　　祝你自由。

财富要与别人分享

真正的富有，取决于一个人能够付出多少。——哈维·艾克

这本书教你观察你在金钱方面的思考模式，并且挑战你那些有所局限而消极的想法、习惯和行动。为什么要从金钱开始谈？因为在大部分人的生命中，钱是最大的痛苦来源之一，然而别忘了一个更大的背景。因为，一旦你能辨认出你在财务问题上的消极方式，这个觉察就可以进入你生命中的其他层面。

这本书的本意是要帮助你提高自觉。自觉，是指你观察自己的想法和行动，让你自己从此时此刻的真正选择出发，而不是从你过去受到制约的基础行动。这股力量，是关于你如何从自己的更高自我产生反应，而非根据你基于恐惧的"较低"自我。如此一来，你就可以成为你所能成为的最棒的人，并且完成你的使命。

但是你还要知道，这种改变的本质不仅是关于你，而且是关于整个世界。我们的世界只不过是反映了编造它的人是什么样子。所以，假如每一个人都提升自己的意识，这世界也会提高它的意识，从恐惧到勇敢，从仇恨到爱，从匮乏到人人丰足。

只看我们要不要启发自己，让自己为世界增加更多的光亮。

如果你想要这个世界成为某一种样子，你必须先成为那个样子。如果你想要世界变成更好的地方，你要先让自己变得更好。这也就是为什么我相信，让自己成长到可以发挥最大的潜能，创造丰裕和成功的人生，是你自己的责任。为了达到这个目的，你必须能帮助其他人，用正面的方式为世界添加益处。

所以我要请求你，把你这份自觉与力量和别人分享。把这本书所传递的讯息多多散播出去，至少告诉一百个朋友、家人和事业伙伴，或是把这本书送给他们，改变他们的人生。他们不但会接触到强而有力的金钱观念，还可以学习到如何观察自己的思考方式，提升自我意识，进而提升整个地球的意识。如果你能带他们来参加我们的密集训练课程，那更好。你能与你的朋友家人一起分享这个特别的经验，实在是一件值得祝福的事。我的梦想是，一本书，一堂课，一次一个人，我们可以让世界变得更好。我请求你的支持，让我这个梦想成为事实。

谢谢你。

著作权合同登记号：图字18-2016-106

图书在版编目（CIP）数据

有钱人和你想的不一样/（美）哈维·艾克（T. Harv Eker）著；陈佳伶译. -- 长沙：湖南文艺出版社，2017.6（2025.7重印）

书名原文：Secrets of the Millionaire Mind

ISBN 978-7-5404-7774-5

Ⅰ.①有… Ⅱ.①哈…②陈… Ⅲ.①成功心理—通俗读物 Ⅳ.①B848.4-49

中国版本图书馆CIP数据核字（2016）第197678号

上架建议：畅销书·成功励志

YOUQIANREN HE NI XIANG DE BU YIYANG
有钱人和你想的不一样

作　　者：［美］哈维·艾克
译　　者：陈佳伶
出 版 人：陈新文
责任编辑：薛　健　刘诗哲
监　　制：毛闽峰　李　娜
策划编辑：李　颖　由　宾
文案编辑：王　静
营销编辑：焦亚楠　刘　珣
版权支持：姚珊珊　辛　艳
装帧设计：张丽娜　李　洁
出　　版：湖南文艺出版社
　　　　　（长沙市雨花区东二环一段 508 号　邮编：410014）
网　　址：www.hnwy.net
印　　刷：天津丰富彩艺印刷有限公司
经　　销：新华书店
开　　本：875mm×1230mm　1/32
字　　数：144千字
印　　张：7.75
版　　次：2017年6月第1版
印　　次：2025年7月第19次印刷
书　　号：ISBN 978-7-5404-7774-5
定　　价：45.00元

若有质量问题，请致电质量监督电话：010-59096394
团购电话：010-59320018

"任何人都能获得财务成功吗？"

"是！"